朝鲜印象

CHAOXIAN YINXIANG

杜白羽 ◎ 著

人民日报出版社

图书在版编目（CIP）数据

朝鲜印象 / 杜白羽 著. — 北京：人民日报出版社，2013.12
ISBN 978-7-5115-2330-3

Ⅰ．①朝…　Ⅱ．①杜…　Ⅲ．①朝鲜－概况－摄影集　Ⅳ．① D731.2-64

中国版本图书馆 CIP 数据核字（2013）第 318829 号

| 书　　　名：朝鲜印象
| 著　　　者：杜白羽

出 版 人：董　伟
责任编辑：林　薇　张炜煜
内文设计：北京大有图文信息有限公司

出版发行：人民日报出版社
社　　　址：北京金台西路 2 号
邮政编码：100733
发行热线：(010) 65369527　65369509　65369510　65369846
邮购热线：(010) 65369530　65363527
编辑热线：(010) 65369526　65369514
网　　　址：www.peopledailypress.com
经　　　销：新华书店
印　　　刷：北京鑫瑞兴印刷有限公司

开　　　本：710mm×1000mm　1/16
字　　　数：167 千
印　　　张：14.25
印　　　次：2014 年 4 月第 1 版　2014 年 4 月第 1 次印刷

书　　　号：ISBN 978-7-5115-2330-3
定　　　价：49.80 元

多年来，朝鲜对于外界只是一个模糊的词语。

神秘国度零距离。作者系新华社记者，在朝鲜进入金正恩时代开端，亲历了朝鲜种种未知嬗变。

金正恩在2013年果敢提出"创造和变革"。在朝鲜的一举一动，无不引来国际媒体聚焦，但却依然被西方媒体误读。

作者以亲历历史与现实的笔触和镜头，对朝鲜正在经历的点滴之变，进行细致的观察和记录，为中国乃至世界了解今日朝鲜，提供了真实可贵且多元的视角。

目 录

[壹] 朝鲜 Style

01 "清凉饮料"咖啡屋 ………… 002
02 朝鲜美食地图 ………… 009
03 朝鲜衣饰新时尚 ………… 018
04 身着朝服逛公园 ………… 026
05 乘坐"世界第一深"平壤地铁 … 034
06 "主体百年"广场舞会 ………… 045
07 强盛复兴阿里郎 ………… 052

[贰] "我们式"变革

01 创造变革之年 ………… 064
02 朝鲜版"少女时代"牡丹峰乐团 … 072
03 逛民俗公园看世界名建筑 ………… 078
04 仓田街新生活 ………… 094
05 海棠花：社会主义荣华富贵 ………… 105
06 骑马俱乐部 VS 世界级滑雪场 ………… 114
07 田间春耕秋收 ………… 120

[叁] 先军表情

- 01 金正恩时代大阅兵……128
- 02 揭秘平壤卫星控制综合指挥所……134
- 03 金正恩的"未来观"……138
- 04 生十个孩子的母亲是英雄……147
- 05 瞻仰志愿军烈士陵园……152
- 06 板门店冷暖……160

[肆] 亲密·亲历

- 01 "我们最幸福"……172
- 02 "为朝鲜而学习"……179
- 03 "能为元帅演唱是多么光荣的事啊"……188
- 04 元山看海·妙香热舞……194
- 05 谷歌团访问……200
- 06 美国篮球明星团访问……204
- 07 亲历朝鲜"战胜节"甲子大庆……210

一　朝鲜 Style

01 "清凉饮料"咖啡屋

2012年以前，没有一家店会挂牌"咖啡厅"，它有可能开在"茶室"一隅，有可能混迹在"清凉饮料"当中，如没有熟人带路，或没有走进瞧一瞧真面目的勇气，你真可能错过许多内在美。

低调的"清凉饮料"招牌，推门实则咖啡飘香

在平壤发现一个咖啡屋的快乐,是别处无可比拟的幸福。柳京商店,一间不起眼的"清凉饮料"。推门走进,瞬间一种恍惚感,如做梦般,朴实的大环境里,出其不意地冒出一个小资情调的所在。

平壤第一家24小时营业的日出餐厅咖啡屋。

日出餐厅有平壤首家 24 小时营业咖啡厅。这里咖啡味道醇香，泡芙鲜奶足足，还有多种鸡尾酒可供选择，这里总顾客盈门。咖啡逐渐走入朝鲜人的生活。我注意到，去年以来参加活动和采访时，朝鲜人端上来的不再是人参茶或大麦茶，而是速溶咖啡。一些餐厅和机关单位也开始安装了咖啡机。

我打开手机 3G 上网，将眼前景拍下，发到微信朋友圈里分享。窗外，起风的道路上，行人来去如常，不知室内发生了何种奇妙时空穿梭的路人，又有谁能理解我此时发现错落色彩的美好心情？

在日出餐厅一层超市里采购的朝鲜青年男女。

日出餐厅一层设有超市,各国商品琳琅满目,从新鲜水果、巧克力、饮料、零食,到现做北京烤鸭、紫菜包饭,生活用品种类齐全。"品尝台"上,有供人们品尝的一些热带椰枣、现场制作的烤肉等新奇美味,时常可见到推着购物车采购的朝鲜家庭、情侣。

海棠花馆顶层咖啡厅甜点,上层蛋糕标价用朝鲜官价标着:150朝币,即1.5美金一粒,下层水果拼盘为700朝币,即7美金一盘。

日出餐厅蛋糕房,各式西点蛋糕品种丰富,有布朗尼蛋糕、裱花生日蛋糕以及牛角面包、泡芙等。

今年春天,一次偶然吃饭的机会,我探寻到了平壤首家现磨咖啡厅。在大同江边,平壤宾馆六层餐厅之上,单独辟出了个第七层的小格调来。

🍃 乘电梯上至六楼,门一开,入眼即是在朝鲜十分罕见的"广告牌":对您的到访,我们表示真挚地欢迎……

🌱 海棠花馆的咖啡标价。从前不懂得打广告做宣传的朝鲜商家，今年以来，开始张贴出"特价优惠"、"办会员享折扣"的宣传页。

🌱 和服务员攀谈中了解，这家现磨咖啡厅的咖啡豆和咖啡机，是在美侨胞提供的，品种齐全。

带法国朋友来此品咖啡，他们评价道：好的咖啡厅，要有好的咖啡豆、好沙发、好甜点，而这家，不仅前三者俱全，还独具观光台，空中楼阁，华丽吊顶，而这一切，都全部属于你，包场般，安静地喝咖啡，望窗外，江上游船，花开荼蘼，天蓝蓝草萋萋。

02 朝鲜美食地图

朝鲜的餐馆通常分为外事接待餐厅和朝鲜人自己的家常饭馆，前者较贵、收取外汇，后者便宜、以朝币结算，前者往往装修西式现代，后者曾经昏暗狭小，但近期这两者的界限在模糊，差别正缩小。如今在一些高档的涉外餐厅，外国人四周不时会被朝鲜家庭和情侣包围，而街边的家常菜餐馆也已翻修一新，对外国人也可以收取朝币。

饭店价位不等，在以朝币结算的家常店，一般人均用餐折合成人民币约二三十元，而外汇餐厅人均约合 10—15 美元。在更高档美味的餐厅，有按照人均 20—25 美元的标准提供定食，而且还有训练有素的服务员帮着夹菜分食。

🌸 郊游野炊或餐厅点餐，朝鲜人爱配着泡菜吃烤肉。

平壤最大一家西式快餐店,挂着"清凉饮料"的招牌,炸鸡、可乐、华夫饼、汉堡一应俱全。

朝鲜许多餐厅的菜肴都有混搭特色，因而菜单总是厚厚十几页。在平壤，你可以随意在同一家餐厅，吃上正宗新鲜的日本生鱼片、铁板牛肉、冷面、牛尾汤，还能品尝到洋酒、披萨、薯条，当然，有时还有类似于中国火锅的"神仙炉"。

❀各色打糕（类似于年糕），被精致地拼成心、树叶、花朵和星月等形状。

在位于光复大街的朝式烤肉店，点了两盘牛肉，一盘鸭肉，朝鲜"接待员同志"（朝语里服务员的直译）端上一大盘，分量很足，堆起来似小山包。我们连忙喊停，原来一盘肥牛足有一公斤那么多！

❀平壤冷面。

来朝鲜一定要品尝下正宗的平壤冷面，清流馆和玉流馆是吃冷面的老字号，锅盖状的金黄色铜器里，铺上一层牛羊肉、橘梗、蕨菜等浇头，荞麦面沉浸在冰冷的肉汤中，拌上足料的白醋和芥末，一道朝鲜人最爱的独特风味，也让外国人越吃越爱。

不同于国外朝鲜餐厅身着华丽传统民族服装,平壤餐厅里的服务员衣着颇为西式,身着黑白千鸟格套装或浅色雪纺连衣裙,头发多盘起挽成发髻,温婉浅笑举止优雅。朝鲜服务员均经受过专业训练,仪态端庄,她们以身为"人民的服务员"而感到自豪。

🍃 在平壤雪峰中心,酷味十足的女子电子乐队。在这里可以点唱朝鲜歌和外语歌,表演者均为餐厅服务员。

平壤普通江餐厅以西餐和日式料理闻名,环境优雅宜人,餐厅分为欧式与朝鲜式两种风格。

🔹 高丽饭店地下一层卡拉 OK 卡座。KTV 在平壤的餐厅已十分普遍,包厢费从 10 美金到 30 美金一小时不等,可以边唱歌边用餐,已经成为朝鲜家庭和同事聚餐的常去处。

大同江啤酒屋新装修后，风格简约，氛围轻松，广受朝鲜人和外国人喜欢，颇有点北京三里屯酒吧的风格。（用餐时手机拍照）

03 朝鲜衣饰新时尚

对于神秘朝鲜,西方多有讹传。英国《每日邮报》2013年2月21日有则报道说,在平壤发廊的墙壁上,通常会陈列出18种女性发型样式,男性则需遵循10种发型模版。报道还称,朝鲜方面之所以这样做,是为了"限制西方影响力"。

"什么报道啊?若那样也太磨灭个性了!"一名在理发店烫发的朝鲜姑娘瞪大眼睛,吃惊地向我否认,"每个人的脸型、气质不同,怎么可能要求统一呢?"

我在朝鲜快两年了,这里的事实是:朝鲜官方并未如网上传言那样发布所谓的男女发型图,那只是朝鲜理发店内挂出的发型推荐海报,并无"非选其一不可"之说,这与其他国家发型店提供杂志发型选择相似。

有传言说,朝鲜男子头发不能超过5厘米长,并需每隔15天修剪一次。事实上,朝鲜对此也并无规定。一个留着板寸的朝鲜小伙跟我说:"朝鲜男人不喜欢头发长,看起来太不爷们了。"

听音乐会时,一名朝鲜政府官员的"元帅发型"。对于元帅发型的流行,年轻朝鲜男子表示,"需要有范儿才行啊!"

朝鮮 Style

春末夏初的平壤街头，也刮起了时下国际上流行的复古风：时髦的大波浪卷发，低调的裸色衬衫，永不过时的海蓝色百褶裙，前卫的松糕鞋……朝鲜女性在不经意间，演绎出颇具个性美的时尚。

烫发在朝鲜女性中比较流行，她们大多将大波浪卷发扎起，较少有人披散长发。此外，朝鲜女性也会染发，多染成深棕色等偏保守色彩。至于其中原因，她们的解释是：亚洲人的黑发与黑眼睛天然协调，头发染成西方人的黄色并不好看。

事实上，时尚已经融入朝鲜女性着装的方方面面。尽管过去几年盛行长裙，但最近两年，朝鲜女性的裙子却越穿越短，有的也不再穿丝袜，而是大胆露出小腿。

身着校服的女中学生，回眸一笑。

对于"脚上功夫",朝鲜女性更是费尽了心思。从青春洋溢的女中学生,到风姿绰约的中年女性,脚底都踩着厚厚的松糕鞋。朴素的女中学生虽然身着统一的白短衫、高腰百褶裙校服,脚底下的高跟鞋却是款式多样、色彩缤纷,足以张扬她们的个性。

朝鲜女性出门都会略施淡妆,衣着风格可归纳为"简单大方"。在她们看来,穿衣要和自身的形象气质相吻合,如果只片面追求花哨,而不注重内在修养,会被看作轻浮、没有定性。因而,从服装上,较难看出朝鲜人的阶层和物质财富区别。

❀ 公园里,气质出众的朝鲜女子。

和朝鲜女兵合影。央视记者 吕兴林 摄

身着军装的女文艺兵对我说,"先军"朝鲜的女人要美得有民族特色,并且要与时代流行相结合,"女人美丽,世界才会更美好"。

比起俏丽的女性,朝鲜男人的服饰相对单调。他们依然执著于类似军装颜色的"将校呢",或橄榄黄,或银灰蓝,四季厚薄不同。如果初来朝鲜,千万别误以为满大街走的都是军人。橄榄黄的工作服,只是朝鲜男人较正式的服装,而军装则颜色更深,料子更厚,且有大檐帽。

平壤民俗公园里的朝鲜游客。

如今，除了夏季里以穿裙装为主外，朝鲜女性在春秋冬三季主要还是以穿裤子为主的。朝鲜允许女人穿裤子早有些年头了。不过朝鲜女性穿的裤子还是上下一般宽的阔腿裤，以白、蓝、黑为主，同时，朝鲜人对外国人穿牛仔裤也并不反感。

从平壤的街头,你会发现,朝鲜人的发型、服饰也正逐步去政治化、去符号化,开始越来越注重个性与时尚。

🌸 同朝鲜金星学院文艺女生合影,大方清纯即是朝鲜女孩子的文艺范儿。

朝鲜印象

04 身着朝服逛公园

春日的一天，我穿着朝鲜传统民族服装混来到植物园，和周末出游的朝鲜人一起逛公园。

身着校服的小学生来公园春游。

朝鲜新人在公园照婚纱照。

一进园,紫杜鹃,粉芍药的绵延花带远处,正见一对新人身着传统朝鲜礼服在拍婚纱照,我刚要举起相机,新娘新郎身旁伴郎大哥就开始朝我打招呼,"你好!谢谢!"指挥新婚的弟弟妹妹站好,大方地转向我们的镜头。

和朝鲜青年画家聊天。央视记者 吕兴林 摄

古亭翠柏、逎枝劲干、芦苇紫藤、山羊野鸡，眼前厚密的草地里，有躺着晒太阳的中年男子，有写生作画的小伙和大叔。我们悄悄走近路边一位正在画油画的小伙子，他冲我们打招呼。身着一身朝鲜学生服的我，还以为可以瞒天过海，却没想到一眼就被人甄别出来。

我问他未说话之前，怎么能看出我不是朝鲜女孩子呢？明明穿着他们的服装啊。"你穿上非常合适，很美丽，虽然散发出东方美，还是能感到有些不同。"他说，还问我是不是中国朝鲜族。

"你这身朝鲜姑娘打扮，少了领袖徽章啊！"还有朝鲜朋友同我开玩笑如是说。"杜白羽同志，你说话的语气语调要改。因为你长得像我们民族的姑娘，再这么一讲话，别人还以为你从南朝鲜（韩国）来的呢。""好好把语调给改了，能做到让人听不出你是外国人的程度，做我们平壤姑娘吧。"

在平壤市中心喷泉广场戏水的小男孩。

告别画家,只听到丛林深处传来阵阵欢声笑语,有各年龄的男女唱歌 PK 赛,还有全家老少的野炊,唱歌无需音乐伴奏,一个话筒,甚至不要话筒清唱,围坐一圈你唱罢我登场。

每逢朝鲜人过节,公园里,江岸边,总会聚集了外出野炊的朝

在龙岳山春游烧烤的朝鲜汉子,拉我一同喝一杯。央视记者吕汉林 摄

鲜民众。树林里隐现缕缕炊烟。草地上，一圈圈围坐在一起的各色团体聚会，边烧烤边歌唱。有清一色面色黑红的小伙啤酒聚，有两三对一起约会的青年男女野餐会，见到我走近，热情地招呼我加入他们。逐渐地，我掌握了和朝鲜人无需言语远距离沟通的默契，获得了同他们眼神交流后的抓拍。

公园里烧烤的平壤小哥，看到我的镜头后，招呼我加入到他们的午餐。

05 乘坐"世界第一深"平壤地铁

平壤地铁是世界上最深的地铁。早建成于上世纪70年代,常驻朝鲜多年的中国朋友,有的说从来没坐过,有人说地铁公交不允许外国人乘坐。我多次乘坐平壤地铁,随朝鲜人一起深入地下,走进一条时光隧道。

卖票口是一个银色窗贴的小窗口,人们从三厘米高的投币口塞进入一张小面值朝币,通常50或100吧,不用言语,窗口里卖票的同志就会视情况而定,将一半换成若干张5元车票和剩余一把零钱。

将一张长约两厘米的蓝色纸票放在入口检票处,踏上世界最深地铁的长电梯。电梯坡度陡,一眼望不到底,白色刷漆拱廊。乘客携带沉重的行李,或背或顶,头顶包裹的老奶奶,背电视机的大叔,扛花盆的大妈,比起他们的负重,我两手空空得不好意思。

电梯里凉风迎面吹来,地铁稳稳地持续下行,上下电梯中间隔离带里的喇叭,传来广播声,虽听不清楚具体说些什么,却能从口气与声势中,辨别出,哪段是对敌人不依不饶的抨击,哪段是对领导人的至深至切的爱戴。

传说中世界上最深的地铁,垂直深度约有100米左右,而电梯长度更是达到 150 米。我掐表看时间,从地上到地下,花了足足三分半钟。电梯里的三分半钟相对静止,人们安静不言语,只有喇叭在唱歌。人们用这三分半,来到深邃地下,一处战时可兼做防空洞的多功能交通工具,为可能发生的战争而特别设计。

车门关闭的一刹那。

🌸 车停荣光站,高大的罗马柱,款式繁复的吊灯在镜头里显得煞是奢华,地铁装饰年代虽远,吊灯依旧显得堂皇大气,而几乎每一站都有的镶嵌壁画,这是朝鲜特色取代地铁广告的永恒主题。

深深的地道里，电灯光线充足，不像传说的那样有味道，最多是不晒太阳的清冷，但并不感到湿气重。通风很好，冬暖夏凉。入口处，一个小卖部灯光闪烁，卖些钥匙链和小零食。

我们所处的正是平壤仅有的两条线路的交叉点，大使馆附近的"战友"和"战胜"站的换乘站，分别是东西线和南北线的交汇点。

进站等候列车到来，扇面形玻璃报纸展示栏，不少人弯腰弓背，聚神瞅着，自觉地排列出错落的层次，你个子高那么踮起脚尖，我个子低那么自觉半蹲，人们默契地从两侧认真地读着同一份《劳动新闻》，专注地让我恍然以为来到大学图书馆。那么入神不怕误了车吗？！

防空洞式平壤地铁站里，在报栏前专注阅读当日《劳动新闻》的朝鲜乘客。

🌸 从车窗内抓拍的女交警下班回家。

🌸 朝中社图片：朝鲜最高人民会议常任委员会 2013 年 5 月 4 决定，因在突发状况下拼命保护革命首长安全，授予平壤市 22 岁女交警李景心朝鲜最高荣誉"共和国英雄"称号，李景心在颁奖现场喜极而泣。

电影城的穿越之旅

《卖花姑娘》、《金姬和银姬的命运》和《摘苹果的时候》等朝鲜影片的歌曲、台词,是中国60后、70后集体记忆中的"那些年"。现在的朝鲜人看什么电影,喜欢哪些演员,外界无从得知,属于朝鲜人的"流行"风向似乎令人难以捕捉。我想通过走进朝鲜经典电影的诞生地,来感受老电影诉说的岁月。

朝鲜艺术电影制片厂,隐匿在平壤市郊绿树如盖的兄弟山区,今日的电影城已经成为回顾朝鲜电影发展史的"古迹",三三两两游客走在怀旧的时光巷里,完成一段追忆当年光影的穿越之旅。

在电影城穿着朝鲜古装"穿越"的游客。据介绍,现在朝鲜拍电影多是直接到现场,电影城更多地成为旅游观光之地。

制片厂成立于1947年，占地100万平方米，包括剧本创作大厦、音视频合成楼和导演楼等。电影城曲折小径中别有洞天，我来到上世纪30年代的中国街，街上的药店、理发店、饭店，一张张招贴广告、一块块招牌标记，再现了中国城市的旧模样。

上世纪50年代的韩国街，既有旧时奢华的地主宅院，也有破落陈旧的韩国贫民板房。电影院门口，张贴着由玛丽莲·梦露主演的经典电影《七年之痒》的海报。上世纪60年代的欧洲街上，几幢教堂年代久远，讲述着饱经沧桑的沉郁故事，朝鲜上世纪年代以《民族和命运》为主题的系列影片的恢弘隐约若现。

电影城里，《七年之痒》的手绘海报。

第13届平壤国际电影节闭幕式上,身着传统民族服装的朝文主持人和身着桃红礼服裙的英文主持人,主持风格一改此前的呆板程式化,轻松自然。

艺术电影制片厂综合科朴主任说:"金正恩元帅提出要加强对朝鲜电影制作的投入,引进更多和更先进的设备,创作反映当下人民生活的电影,拍出更多反映'先军'时代朝鲜军民风貌的好电影。"

两年一届的平壤国际电影节是平壤市民难得享受到的"文化盛宴",2012年9月21日至27日,来自30多个国家和地区的50多个团体带来的90多部题材各异,别具特色的国际影片,成为金秋时节平壤的热门话题。

第13届国际电影节的开幕式,展现出朝鲜逐步与国际接轨的趋势。身着传统民族服装的朝文主持,搭配穿斜肩桃红短裙的英文主持,主持词一改此前的呆板,轻松自然。大型LED屏幕呈现多媒体制作的新技术,致辞者不再是从后台起身,而是从观众席中起身,走上T型舞台,形式活泼多样。

朝鲜首次同外国合拍的两部电影,中朝合拍电影《平壤之约》和朝英合拍电影《飞吧,金同志》,作为本届电影节上映的一大特色,展现了朝鲜电影同外国合作的大胆尝试,为朝鲜电影对外交流合作开启了一扇窗口,受到朝鲜国内外关注。

朝鲜文化省副相、朝鲜电影总局总局长朴春男表示:只要电影的主题好,内容健康,有利于教育年青一代和促进国际友谊,朝鲜愿意积极同外国进行文化交流合作,接受合作和定制电影,并欢迎好电影来朝鲜放映。

06 "主体百年"广场舞会

对朝鲜而言，2012年的春天是"大庆之春"。4月15日"太阳节"是朝鲜已故国家主席金日成百年诞辰纪念日，亦是朝鲜开启"强盛大国"之门、新领导人金正恩接班以来的第一个春天。

🌱 第28届"四月之春"友谊艺术节开幕式，有来自中国、俄罗斯、印度、法国、意大利等全球20多个国家的50多家艺术团体参加，成为庆祝"太阳节"的浓墨重彩。

 朝鲜印象

15日晚大同江畔，有一场传说中的焰火晚会即将上演。晚会开始前两三个小时，人们已早早来到江边等待。平常难以近距离接触朝鲜百姓的外国记者，见到堤坝上身着盛装、席地而坐的群众队伍，个个"如狼似虎"般，以拍不到、采不到绝不罢休的韧性，才不管朝鲜陪同人员的千般劝万般拦，纷纷攀爬上堤岸，要与普通百姓来个近距离接触。

🌸 早早在江边等待的朝鲜群众，自发地拍起手唱起歌来。

人群中，一位穿着绒布礼服的朝鲜老奶奶站起身，开始尽兴独舞，耸肩膀、翻花腕的一招一式，都那么精彩引人。人们赞赏地为她鼓掌，一位外国记者高声赞叹：Wow, this is amazing, so incredible！（哇喔，这简直太棒了，太神奇了！）

🌸 绚烂的焰火腾空而起，从主体思想塔迸发出的光火布满天际，大同江对岸，主体思想塔的火炬在紫红色的天空下熊熊燃烧。

朝鮮 Style

16日傍晚的金日成广场上，传说中的"主体百年"广场舞会。七点半左右，在《金日成将军之歌》乐曲声中，大同江岸畔烟火腾空而起，数万青年男女五彩人潮从广场四周蹁跹飘临，瞬间拼出不同队形，欢快地跳起集体舞。歌唱金正恩之歌《脚步》声，簇簇簇，簇簇簇……

　　一首一首地跳下去，时间仿佛为青春而静而止，又且流且动，不断变换脚步、招手、跳跃、挽腕、耸肩，整齐划一，挥洒自如又不露雕琢痕迹。

举手振臂、开火车钻山洞、大圆套小圆，外国使团和记者纷纷跟着一起来。

逐渐开始有观众走下看台，外国使节、记者、游客纷纷加入派对，原先一组组男女主动解散，外国男子牵起朝鲜姑娘的手，转圈、起跳。我也挎着包扛起相机，奔向五彩灵动的人潮。

牵手、搭肩、向左三步、振臂、转圈、反方向、向右三步、振臂，边唱歌边喊口号，边舞蹈边教外国朋友步伐。

我拍够了，正想加入其中，一个朝鲜男子跑向我，指指我的相机，意思说帮我拍照，好不开心，我把包包和相机全塞给他，拉起身边的小姑娘一起跳。转圈、旋转、起跳、前进，我玩得好开心。又一位朝鲜男子跑过来，礼貌而大方地拉起我的手，带我随音乐节拍起舞。平日里拘谨寡言的朝鲜男人，跳起舞来，摇头晃脑，自在得意。跟随朝鲜式万人广场舞而动，外国记者惊叹，"跳吧，感受这朝鲜的风情和活力"。

又一位朝鲜男子跑过来，带我随音乐节拍起舞。

07 强盛复兴阿里郎

"阿里郎，阿里郎，阿拉里哟……"不论世界上任何角落，只要有朝鲜人(广义)的地方就有阿里郎。歌曲《阿里郎》源于盼郎归来的爱情歌曲，经过苦难多艰的岁月，不断被处境各异的朝鲜民族注解广泛的外延，赋予更深刻的意义。

我尝试以阿里郎的角度去了解朝鲜民族，走进万人一舞的《阿里郎》，走进"比世界上任何民族都盼望统一的阿里郎民族"，以歌舞诠释阿里郎民族，在最柔软的神经中找寻答案。

平壤大同江夏夜的绫罗岛五一体育场，朝鲜大型团体操文艺表演《阿里郎》十周年新版上演，新增金正恩执政半年多来的新元素。"乐园花盛开阿里郎，自力更生阿里郎，跟随将军的指引哦阿里郎，建设主体强国阿里郎……"

❦ 身着军装的飒爽女兵一边高唱着歌曲《强盛复兴阿里郎》,一边表演着剑舞,柔美中饱含力量。从悲怆日帝殖民时期的"眼泪"阿里郎,到"先军"、"幸福"、"统一"阿里郎,再到"友谊"和"强盛复兴"阿里郎。

❋《阿里郎》最后一章节：友谊阿里郎，专为歌颂中朝友谊而创作。

10万名学生和文艺工作者联袂献艺，《阿里郎》因其"绝世独立"的阵容和独创，于2007年被载入《吉尼斯世界纪录大全》。朝方工作人员敞亮地说，入场券对朝鲜人是80朝币（美元对朝币汇率约为1比100），对外国人则从100美元到400美元票价不等。"我们向全世界开放，甚至敌对国家美国和南朝鲜（韩国）的游客都可以来观看。"

《阿里郎》于2002年首演,在2012朝鲜打开强盛大国之门、金正恩执政初年,全新"10年纪念版"纪念金日成诞辰100周年和金正日诞辰70周年,翻新近半。

新版本《阿里郎》在舞蹈音乐、激光照明、特大型屏幕等各方面都打破常规,舞台布景不断变换出用反光板"手动动画"拼出的画幅和豪言壮语:"队伍千万,心脏唯一"、"21世纪,数字化的世纪"等主题,拼出涌动的"三千里锦绣江山"。

🕊《阿里郎》宁边纺织女工。

❧ 新版《阿里郎》增加了朝鲜领导人的太阳像场景。

❧《阿里郎》以朝鲜民族独特的歌舞之美、富有活力的团体操、叹为观止的杂技表演，拼出神奇的人壮阔，展示"阿里郎民族"的意义。长鼓舞、扇子舞意味悠扬，跆拳道和军乐舞表演充满气魄。

《阿里郎》各章节领舞,左一为万寿台演员张润,右一为朝鲜人民民族艺术团演员金秀成。

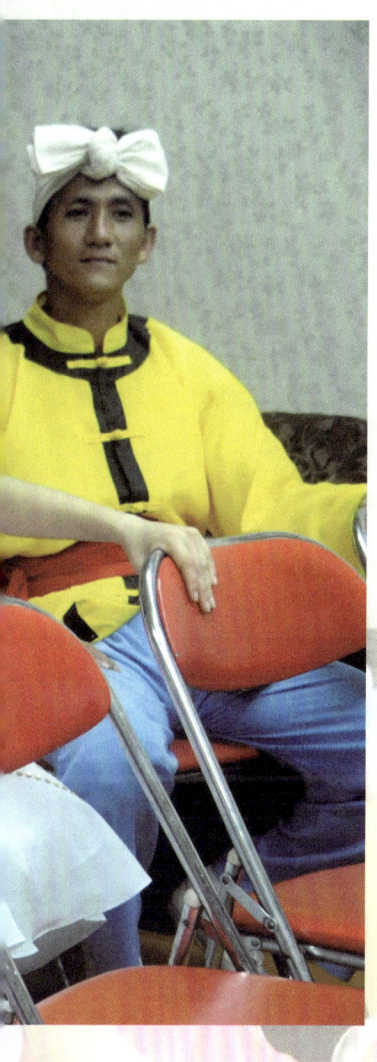

万寿台演员张润担当第 2 场第 1 景"追忆无边"的领舞。当将军逝世的噩耗传来，朝鲜举国上下悲痛欲绝以头抢地，唯有她有着 10 秒钟的独舞时间，"漫天大雪中，以我粉色裙摆起舞带给人们以痛定思痛劫后重生的希望"。张润没有为自己能成为十万人中的独舞者而骄傲："我不是一个人在跳舞。"

张润说，这是她第三次参加《阿里郎》的演出。"每天的中餐和晚餐都由国家提供。有肉和海鲜、蔬菜和鸡蛋等营养搭配。从早晨 9 点开始排练到晚上 11 点到家，全天非常充实。"在问到天天日晒如何护肤时，她开心地笑答："国家和伟大领袖每逢节日都会为我们送来护肤品和化妆品，这点不用担心。"

🌸 大同江畔练习火炬游行的朝鲜青年"阿里郎"。

掐指一算，10万演出者中有十分之九是平壤市民，也就是说，在150万人的平壤市区，平均每15人，即三四家就有一名参与到《阿里郎》的演出中来。创造团队的导演室主任金锦龙说："十万人的参演数字毕竟还是有限的，很多没能有机会参加演出的市民纷纷表示愿望，'我能为《阿里郎》做些什么吗？哪怕是送盒饭，搬道具呢'。"

朝鲜人民民族艺术团演员金秀成回顾10年参演《阿里郎》的经历，感慨地说："从前我们是悲情流泪的阿里郎民族，现在我们是幸福、强盛复兴的阿里郎民族。"

❦ 新版《阿里郎》，背景台拼出2012朝鲜流行语"向着最后的胜利前进"。

二 "我们式"变革

01 创造变革之年

"创造和变革之年"、"朝鲜走向世界"、"突破最尖端"、"以征服宇宙的精神气魄建设经济强国"等标语口号,成为 2013 年的朝鲜流行语。

平壤街头标语,"以征服宇宙的精神气魄开创经济强国建设的转折性局面"。

金正恩以"创新"、"变革"和"大转折"寄语 2013 年,提出"最重要课题"是建设经济强国,包括提高生产和改善民众生活。

平壤金正淑缫丝厂工人。

完成权力交接仅短短一年,金正恩即大胆地提出"变革"的说法,其速度和胆识超过外界预测,可以说金正恩对朝鲜式变革的速度和程度,是步步为营、心中有数的。

他要求国民经济各部门要最大限度地调动潜力,做好掀起生产高潮的经济部署和指挥,树立并执行现行计划和长远的分期发展战略。本着坚决"维护我们朝鲜式社会主义经济制度"的原则,不断改进和完善经济管理方法。

平壤袜厂女工。

金正恩志在将朝鲜建设成为"经济强国"，确保人民享受社会主义的富贵荣华，而其建设经济强国的方式，是朝鲜式的。如他强调说，朝鲜党和人民前进的道路不会改变，只有一条"主体"的道路，朝鲜将以"我们式、金正日将军的方式"建设社会主义强盛国家。在措辞上，朝鲜人使用"变革"、"革新"却不用"改革"，"变化"其英文由朝中社翻译为"Change"，不是"Reform"，但与"Change"相应的朝语，朝鲜人却很少用"变化"一词。

朝鲜群众对我说："我们式的道路只有一条，就是沿着主体先军的道路，任何时候都不会有变化。"朝鲜式"Change"，不是抛弃原有路线道路，而是继续坚定地走自己的道路，让别人关注去吧。

很快，朝鲜式"变革"就有了新内涵。3月31日，朝鲜召开劳动党中央委员会全体会议，决定"实行经济建设和核武力建设并行路线"，即在加强发展自卫性的"核武力"、加强国家防卫力量的同时，将更大力气投入到经济建设中，而这将是作为朝鲜劳动党的长期战略路线。

🌸 朝中社图片：宣传画，彻底贯彻党的"并进路线"。

春秋国际展会热情高

2012年5月14-17日,在平壤三大革命展示馆举行的第15届平壤春季国际商品展览会,是平壤走向国际化的一个侧影。作为朝鲜最大规模的国际商品展览会,展会吸引了来自朝鲜、中国、德国、英国、澳大利亚、意大利等16个国家和地区的270多家企业参展,展出机床、电气电子产品、轻工业产品、食品和医药制品、化学制品、运输器材等2100多种产品。

一位自称有政府背景的朝鲜商人,为了让他新认识的中国客户参与对话,竟用流利的英语滔滔不绝,"我们对发电需求很大,朝鲜经济建设需要高质量的发电产品,通过展会让朝鲜人知道这个品牌,之后我们再进行合作和合资,并因地制宜地管理"。谈话中,他多次强调产品质量。

当被问到"朝鲜加大对外合作力度,是否显示朝鲜的一点'开放'"时,他说:"我只是个技术者,这要听从我们伟大领袖金正恩同志和党中央领导的指挥。"

> 展会上，每个柜台前都挤满了好奇的朝鲜群众，他们尤其是对电子电器，医药保健，生活用品的购买热情高。

第八届平壤秋季国际商品展览会上,由朝鲜电脑中心研发的平板电脑展台前挤满了猎奇的朝鲜群众。

我在人潮汹涌中,体验了这款"三池渊"平板电脑,桌面有文件处理、电子图书馆、电子词典、电影、音乐、游戏等图标,触屏灵敏,售价250美元。只是鉴于朝鲜国内的情况,这款朝鲜牌"ipad"还不能上网。当我问到什么时候可以联网时,崔哲民笑而不答。由于无法联网,该平板电脑的许多功能无法发挥,如果用户想安装新软件,还得跑回销售点让专业人士代为完成。

朝鲜新兴信息技术贸易会社总经理崔哲民说,这是该公司第二代平板笔记本,第一代"三池渊"已于5月在平壤春季国际商品展览会展销,广受群众欢迎,此次特携这款新产品首度亮相秋季展会。

02 朝鲜版"少女时代"牡丹峰乐团

金正恩 2012 年亲自组建牡丹峰乐团,他对乐团首场示范演出称赞道,"演出将时代气息跃然活现,内容和形式都达到新境界"。

朝中社图片:黑色超短裙、抹胸露背、桃红唇、彩媚眼,含情一首《吉卜赛之歌》,帅气十足地玩起架子鼓、电吉他。

🦋 朝中社图片:朝鲜版"少女时代",引领朝鲜时尚新潮。迥异于多年来一贯端庄而严肃的主旋律,大开眼界的朝鲜人称道其"很帅很有范儿",欣赏之情溢于言表。

有机会现场观看多场牡丹峰乐团演出，最难忘的当属2013迎新年跨年演出。2012年最后一天下午，我们接到外务省通知，说晚上十点集合参加室内演出活动。这个时间点看演出，在朝鲜还是第一次。晚上9点，各路驻朝外国人在人民文化宫集合，偌大的圆桌会议室，类似于联合国大会会场，各国驻朝使馆、国际机构和企业、留学生，陆续在朝鲜陪同的带领下，就座等候。经过一个小时的等待，开始安检，记者不允许带拍摄器材。

我们乘坐朝方统一安排的大巴车，驶向柳京郑周永体育馆。夜晚的柳京郑周永体育馆外，银色彩灯装点圣诞树，火树银花，绚烂多彩。体育馆内，朝鲜群众已安坐等候。舞台上头戴红色"圣诞帽"的雪人和银河卫星模型夺人眼球。

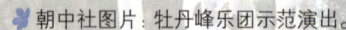
朝中社图片：牡丹峰乐团示范演出。

朝中社图片：迎接 2013 跨年演出。

2013年1月1日，零时，牡丹峰乐团新年音乐会《永远跟随党》奏响新年序曲，朝鲜最高领导人金正恩偕夫人李雪主出席观看音乐会，向全体军民致以新年祝贺。

跨年音乐会的形式在朝鲜尚属首次，音乐会形式内容创新，《新年瑞雪飘飘》、《世界名曲联唱》、《统一夙愿》等歌曲唱出了朝鲜人民的新年愿望，音乐会高潮迭起，互动热烈。乐团还演奏中国歌曲《歌唱祖国》、《社会主义好》等多首世界各国歌曲。

朝鲜版"少女时代"阔步走出来，统一的发型、动作、表情。如果说性感可爱是韩国Style的话，那么朝鲜范儿的特点就是大方优雅。舞台上"火焰"燃烧，《火热的愿望》红遍朝鲜，就像当年费翔的《冬天里的一把火》。18位青春美少女，年龄都在二十三四岁，自信的笑容，完全是音乐天使和乐感的主人。

据了解，演出前金正恩夫妇同各国外交使节举杯共庆新年好的"西式"跨年酒会，风格轻松随意。牡丹峰乐团成员，身着黑色亮金晚礼服作陪，比起从前参与者要稳坐固定座位，这场新式酒会氛围轻松。朝鲜官员、牡丹峰乐团的姑娘们、外交使节彼此随意走动、聊天。参加过酒会的德国朋友对我说："这太不可思议了。"

❧ 朝鲜中央电视台视频截图。这张在网上瞬间走红的《学习吧》，经过牡丹峰乐团五位少女的青春演绎，再度成为鼓舞朝鲜青少年努力"为朝鲜而学习"的动力旋律。

❧ 朝中社图片：从妙龄少女口中唱出的曲调，悠悠然而深情款款，歌颂领袖的深情，不再觉得遥远，而是真真切就在现在，在眼前。

朝鲜印象

03 逛民俗公园看世界名建筑

"走,到朝鲜旅游去。"带着揭秘的猎奇心理,"穿越"时光隧道,将双脚踏上自称也被世人标作"独一无二"的平壤,用自己的眼睛去观察"神秘国度"的今日,正逐渐成为不少中国乃至欧洲旅行爱好者的新选项。旅程结束后普遍表示:原来朝鲜与想象的大不一样!

民俗公园朝鲜青瓦建筑正门,按照同比例缩小制作的李氏朝鲜时期抗击日本侵略者的铁甲"龟船"。

目前，绫罗人民游乐园、平壤民俗公园等新建成公园，已被旅行社开发为新的旅游项目。新景点对外国人票价从30到40美元不等，对朝鲜人民却只收500元朝币。而朝鲜人的"商业头脑"也在逐步增强，甚至连记者采访也开始需要支付门票。

走进9月初竣工的平壤民俗公园，尽情畅游体验，在半天之内将朝鲜境内风景名胜悉数赏遍。公园由历史古迹展区、现代区、民俗村区、金刚山公园区、民俗博物馆等组成，占地约200公顷，集中反映朝鲜民族历史、风情、民俗，将千年的朝鲜历史文化古迹跨越时空汇聚，行走其间，仿佛走在一座园林式的"露天博物馆"。

平壤的民俗拼图展示。

和朝鲜大学生在公园合影。

🌸 看到外国人,男人会稀罕地多看几眼,姑娘们在看到你抬相机的瞬间,或羞涩地侧过脸,更多开始大方朝你微笑打招呼。

　　导游介绍说,金正恩元帅在视察时指出,要在民俗公园增建世界建筑区,让人民和学生开眼界见识世界各国的优秀建筑文化。据了解,世界建筑区将建造英国大本钟和法国埃菲尔铁塔的迷你微缩景观。

✿ 公园里的朝鲜游客以学生和家庭为主，也有不少年轻情侣集体出游，互相拍照。导游介绍说，金正恩元帅在视察时指出，要在民俗公园增建世界建筑区，让人民和学生开眼界见识世界各国的优秀建筑文化。

装修华丽的婚庆酒店为国内外游客承办朝鲜传统特色婚礼,平壤冷面馆里,朝鲜招待员热情为游客端来开城八宝饭、全州拌饭等富有地方特色的美食。毕业于金日成综合大学的园区导游介绍说,民俗公园还将增加"体验式"的游戏区,到时国内外游客可一起互动、体验射箭、摔跤、秋千和尤茨等民俗游戏。

朝鲜一年来对其旅游资源的开发和宣传力度空前。据朝中社报道，朝鲜2012年为外国飞机爱好者推出了飞机专题旅游项目，外国飞机爱好者可参观、拍摄和乘坐朝鲜高丽航空公司的多款飞机。

朝鲜军人在平壤市中心喷泉假山拍照。

朝鲜还计划推出"迷你高尔夫球游"项目。虽然对目前"迷你高尔夫球游"的具体内容尚不清楚,但朝鲜人民对迷你高尔夫球已经不再陌生。新建成的绫罗人民游乐园的迷你高尔夫球场,让正在挥杆的朝鲜青年男女有了新的约会选择。

牡丹峰山脚下的童话游乐园

夜晚12点以前，平壤灯火辉煌欢声笑语的地方，一定是游乐园。位于牡丹峰山脚下的凯旋青年公园树木茂密，晚上路过，看到各种游戏设施彩灯熠熠，欢声笑语不断，仿佛一座山林童话世界，成为朝鲜的"迪士尼乐园"。

夏日的傍晚，我陪来探亲的父母，来到牡丹峰山下的凯旋青年公园。日落正红，凯旋门门亭华灯初上，广场上聚集大批市民前来休闲，溜旱冰的孩子在出售面包水果的"清凉饮料"中间穿梭。喷泉假山，亭台楼阁，民谣绕耳。

凯旋门华灯初上。

🌼 乘车出游的朝鲜家庭全家福。

公园白天休息，晚上7点至12点开放，游乐场里，刺激惊险的高速下降塔、过山车，孩子们的乐园电子游戏室等十几种设施，排着长队的朝鲜人民脸上洋溢着轻松的欢笑。刺激的尖叫声不时传来。

🌼 和朝鲜游客一起乘坐海盗船。

据讲解员介绍说,金正恩元帅在视察时,对公园娱乐设施的建设、技术管理提出指导意见,强调要将公园建成人民娱乐休闲的好去处。朝鲜其他住宅楼可能不时遭遇停电,但这里不用担心。这里有专门的供电电路,不会突然停电,讲解员说:"为了要让朝鲜人民安心乘坐上世界一流的娱乐设施,金正恩元帅身先士卒,一一乘坐试验安全性能。"

二 "我们式"变革

我不解,安全性能怎么能让国家元首亲自尝试呢?如果,我是说"万一"出现什么意外可怎么办?讲解员这么回答说:就是为了让人民放心,我们伟大的领袖才亲自乘坐的,他亲自检验过的设施安全值得放心。至于说"万一",不会有万一的,我们的安装检修人员都已经确保了万无一失。

游乐园在朝鲜最高领导人金正恩执政以来,被提高到"优先让人民享受丰富文化生活"的高度,他并多次亲临指导游乐园建设。

绫罗人民游乐园海豚馆,讲解员对记者说:"我们和全世界所有的海豚馆最大的不同之处在于非盈利,我们是人民的海豚馆,百姓都可以以最低的票价,来欣赏精彩的海豚表演。"

绫罗人民游乐园、平壤民俗公园、万景台游乐场、大城山游乐场等，服务设施全部整修一新，这些"让人民享受社会主义繁荣和

❀ 绫罗人民游乐园排队玩冲浪的朝鲜群众，见到记者热情地挥手打招呼。

党的关怀"的建筑设施,成为平壤新地标,成为平壤人民休闲娱乐新去处。

04 仓田街新生活

平壤新地标、一年半之内建成的仓田街，成为朝鲜人民"向着最后的胜利前进"，创造强盛国家美好生活的典范。蓝白相间的高层住宅楼群，被外界称作平壤CBD，夜晚灯光璀璨，霓虹炫目却不刺眼，繁荣却远离奢华。驻朝使节、前来观光旅游的欧洲游客同样为朝鲜之变而赞叹，这里竟然是平壤？

有意思的是，在朝鲜的欧洲人习惯把仓田街称作"小迪拜"，而亚洲人则将其指称为"曼哈顿"。然而，小迪拜、曼哈顿也好，小浦东、国贸也好，仓田街并没有银行、金融机构、写字楼，这里住着朝鲜工人和教师劳模，并新开了许多餐厅和超市。

🌸 平壤仓田街,被外界称作平壤CBD,夜晚灯光璀璨,霓虹炫目却不刺眼,繁荣却远离奢华。

 朝鲜印象

🌿 金正日铜像于 2013 年 1 月末经历了一次"变装",身着的长款风衣变为他生前最爱穿的短款野战服,朝鲜人说,"(变装后)更符合将军在人民心中的形象"。图为 2 月 16 日,金正日生日"光明星节"这天,前往铜像献花的群众。

🌸 仓田街紧邻金日成广场。广场上拍照留念的外国游客。

🌸 万寿台高岗上，新人结婚当天，拜谒领袖铜像，成为婚礼中的重要环节。

　　仓田街紧邻万寿台和金日成广场。万寿台高岗上的领袖铜像，是国内外游客来平壤必去的拜谒"圣地"，也是新人婚礼中的重要环节。铜像于 2012 年 4 月新建完成，在原来金日成铜像北侧，增加了一座金正日铜像。

从 20 层的高楼俯瞰，大同江美景尽收眼底。9 月的平壤满目葱郁，蓝天白云下耸立着一幢幢蓝白相间的高层公寓楼，是朝鲜新人的新家。

我们几家外国媒体在各自朝方的陪同下，走进了新入住仓田街高层住宅楼的朝鲜人家，我们拜访的是纺织劳模文康顺的家。

东平壤的主体思想塔，与西平壤的金日成广场隔江相对。

朝鲜印象

陪同记者采访的平壤市人民委员会对外事务部工作人员金龙先说:"这里居住的都是普通百姓,都是由国家提供住房。"据介绍,迁入仓田大街新房的,除原住户外,还有像文康顺这样排队等房的新婚夫妇以及急需改善住房条件的家庭等,包括军属、工人、教师,他们每家都按统一标准配备了家具。文康顺的新家面积约 100 平方米,有三室两厅、两卫加阳台。

朝中社图片:金正恩偕夫人李雪主走访文康顺夫妇家,席地而坐亲切交谈。

2012年9月初,朝鲜最高领导人金正恩偕夫人李雪主访问了新入住仓田大街新居的居民家庭,其中就包括文康顺家。在她家的客厅里,整齐地码放着金正恩夫妇送的崭新的儿童图书和"阿里郎"牌42寸液晶电视。夫妻卧室里有一台工厂赠送的电脑,丈夫向记者演示了如何阅览已安装的领袖著作电子学习软件,不过,电脑"是不上网的"。

🔹 两间卧室里摆放着两个盛满新婚绸缎棉被和衣物的大衣柜,还摆放着同事送的塑料花束。这两个房间是他们留给父母和未来孩子住的。

在朝中社人员陪同下采访。新华社记者 曾涛 摄

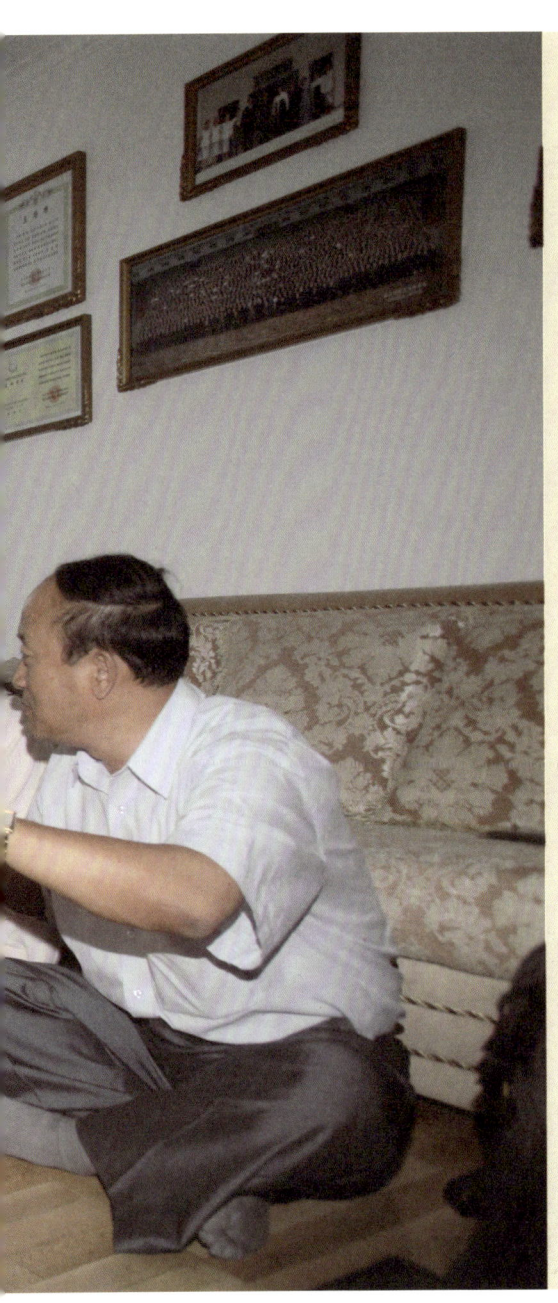

文康顺30岁,已有12年工龄。她的丈夫33岁,毕业于平壤金策工业大学,现在纺织厂搞技术革新。婚前,文康顺被评为纺织厂史上第17位"劳动英雄"。结婚两个月后,这对新人从工厂集体宿舍搬到了位于仓田大街的新家,从"裸婚"转而成为有房一族。

说起这套令人羡慕的新房,她的丈夫说,"都是托妻子的福呢","感谢敬爱的金正恩同志的关怀,做梦都没有想到能分到这么宽敞明亮又气派的家"。

　　仓田街的住宅楼当然算是朝鲜居民楼条件最好的之一，其他居民家庭我们没有去过，当然也不能随意登门拜访。指着新房里热水器、洗衣机等家电，我问道："这些是买的，还是分的呢？"金龙先豪爽地笑答："这是给劳模的奖励，那些消极怠工的人可是没有的。为了给大家树立典范，号召人民努力工作。"

平壤市郊一户中国华侨家的厨房。老两口的儿子目前都在中国读了大学，参加了工作。

05 海棠花：社会主义荣华富贵

自执政以来，金正恩多次强调"要让朝鲜人民享受社会主义荣华富贵"，近期密集视察中，他提出要对麻田海滨浴场、元山松涛园夏令营、平壤美林骑马俱乐部等娱乐设施进行修建，以满足"人民对文化生活的需要"。

的确，朝鲜一年多来"洋气"了许多，被称作朝鲜"曼哈顿"、"小迪拜"的仓田街区，各色综合餐厅、外汇超市如雨后春笋般出现，为人民生活提供了多样化丰富选择。五月初刚开业的海棠花馆，成为平壤集购物、餐饮、健身、洗浴、按摩、美容等于一体的"消费圣地"。

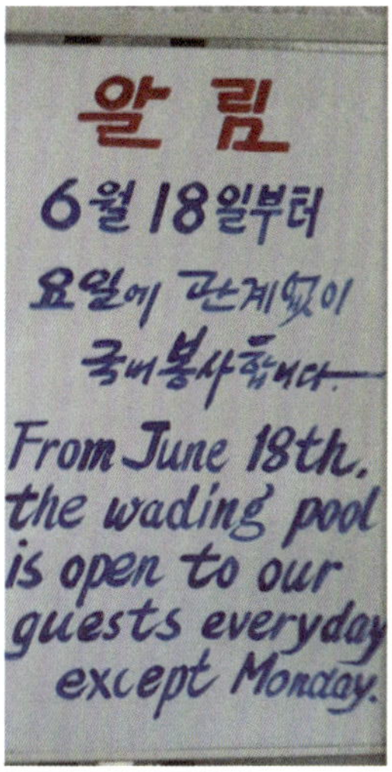

二 | "我们式"变革

↑为了吸引客源,此前每周只对外国人三、五、六开放,对朝鲜人二、四、日开放的大同江外交团会馆,出台新规定:朝鲜人外国人不再受时间限制,均可"混泳"了。

←海棠花馆游泳池。按照规定,所有健身休闲项目都需要交纳15美金的洗浴费,包含游泳。海棠花馆对外国人和朝鲜人"一视同仁"地收费和开放。

美味的铁板烧价格不菲,固定的定食烤肉菜单分为50和70美元两种,消费得起的多是朝鲜人。按摩30美元、游泳15美元、汗蒸5美元,价位比其他地方贵出50%,消费者衣着打扮与中国北京上海的精英阶层难分差别,消费能力令外国人咂舌。

🌸 海棠花咖啡厅里,朝鲜小伙正翘首等待女朋友。

比起消费水平高高在上的海棠花馆，其街对面的柳京苑的价位则更大众惠民，桑拿5000朝元，乒乓球1000朝元，洗澡只需100朝元，成为平壤百姓最爱去的休闲场所。

🌸 大同江上音乐舞蹈喷泉。

初夏的大同江上，音乐舞蹈喷泉七彩跳跃，引来前来江堤消夏市民驻足观赏、合影。踏上新开业的"大同江号"游船餐厅，优雅的船舱，实惠可口的饭菜，华灯初上，朝鲜家庭、情侣在甲板上享受休闲时光，亦是夜平壤的一处浪漫。

🌸 "大同江号"船餐厅，上书"我的国家最赞"，这也是朝鲜公交车上常出现的一句朝鲜常用语。

新事物悄然出现的同时，朝鲜依旧保持"两个木有"的特色。

一来，是"没有防盗网的楼房"。楼房不安防盗网、鲜有偷盗事件发生。街道黑黢黢却也不怕独自走夜路，足以证明朝鲜的社会治安稳定。取代防盗网的，是家家户户摆放在阳台上鲜艳的鲜花或塑料花。

二来，是"没有拥挤的排队"。朝鲜的交通还比较欠发达，平壤市民出行的交通工具有地铁、有轨电车和公交车等，也有少量出

平壤女交警夏装。在朝鲜想当女交警并非易事，要求身高不低于1米63，体貌端正、品学兼优、多才多艺。每年从年满16岁的中学毕业生中精挑细选，被称作光荣的人民保安员，26岁就要"退役"。

租车，2013年夏季以来，出租车数量迅速增加，朝鲜百姓多了出行的便利选择。此前外国人单独打车还总被问"有朝鲜陪同一起吗？"如今，作为外国人，我也可以自由打车了。出租车空车招手即停，起步价为2美元，打表计价每公里1美元，结算可刷朝鲜各超市通用的储值卡。

去年起陆续增加了一些新公交车，公共交通看上去不再那么不堪重负。我多次乘坐朝鲜地铁和公交车，票价均为5朝币，类似于福利的价格，是大众出行的必需之用。

上下班时间高峰，车站人虽多，乘客却总能自觉地排好并列的两三排长队。

🌼 2012年以来，平壤的公交站点开始新安装上长椅和休息亭，但还是能看到宁愿蹲在地上，也不去长椅上坐的中老年人。朝鲜人特别能蹲，甚至干活也愿意蹲着，蹲在草地上拿小剪刀细致地"园艺"，绿地如茵，仿佛侍弄自家地毯般精细。

🌼 平壤电车。我在车站排队等待了十五分钟后，跟随人群"拥而不挤"地乘上一辆公交车，虽然车里的座椅扶手都很沧桑，却丝毫不觉得脏。

06 骑马俱乐部 VS 世界级滑雪场

初夏的平壤,看到的尽是四月芳菲过后的满眼青翠。整整一个春天,平壤市日日夜夜都在进行植树造林,土木建设,重整草坪。

将平壤建成世界性国际化大都市是朝鲜前最高领导人金正日生前的遗愿。金正恩于 2012 年 4 月发表讲话,提出要把平壤市建设成为"革命的首都、雄伟秀丽的世界级城市和先军文化中心"。在采访中,"战斗场"(朝鲜语,意为施工工地)上的群众对我说,"我们积极响应金正恩同志的号召,努力将革命的心脏建设成为美丽的世界性城市"。

四·二五广场附近,金日成综合大学教师住宅楼。

❦ 入夜，一老一少拿着扫把弯腰弓背在认真为领袖画像前的台阶扫尘埃。平壤之夜，彻夜长明的只有悬挂领袖画像的广场、灿烂发光的凯旋门、主体思想塔以及刻着"伟大的金日成同志和金正日同志永远与我们在一起"的永生塔。

二 "我们式"变革

一对朝鲜新婚夫妇，在骑马场拍摄婚纱照，度过难忘的新婚日。

2012年11月中旬，金正恩视察位于东部的朝鲜人民军第534部队直属骑兵连训练场时，提出要将训练场改建为现代化的骑马俱乐部，使骑马运动成为一种风气。

从迷你高尔夫球到骑马俱乐部,再到世界级滑雪场,金正恩给朝鲜百姓带来了一个个此前闻所未闻的新鲜事物。

朝鲜上世纪提出的"千里马速度"、几年前提出"一鼓作气"的"熙川速度",而现在,朝鲜要在东北部海滨城市元山以"马息岭速度"建设世界级滑雪场。金正恩6月5日号召全国向"马息岭速度"学习,在社会主义建设各条战线掀起大飞跃、大革新。

自12年伦敦奥运会上连夺金牌震惊世界后,朝鲜在体育方面动作频频。在建设"体育强国"的构想下,许多体育设施不断改建或者新建,并成立国家体育指导委员会,统一负责体育工作,在全国上下掀起体育热潮。

去年来,平壤各大群众体育设施陆续竣工,统一大街运动中心,羊角岛体育村,人民露天滑冰场,各社区公园内的便民运动设施配备一新。"为了体育工作者,没什么可吝惜的。"金正恩在观看完闪电队和平壤队的女子排球比赛后说。

群众体育方面,目前朝鲜最流行排球。在朝鲜各地经常可以看到人们在业余时间打排球,"基本上每天中午同事们都会一起打打排球、篮球"。夏天去海边度假,最受欢迎的运动也是沙滩排球。

朝鲜少年儿童喜欢的则是青春动感的轮滑,新竣工的旱冰场成为平壤青少年的新宠。在平壤各大广场、体育馆乃至街头巷尾、胡同里都可以看到轮滑少年的身影。

🍀 朝中社图片：朝鲜群众在打排球。

🍀 金日成广场上，少年轮滑飞驰。

07 田间春耕秋收

每年的春秋，中国驻朝使馆都会来到朝中友谊合作农场参加春种和秋收劳动。作为中朝友好合作农场，周恩来总理和金日成主席，曾在1958年2月19日，一起访问过宅庵农场。而如今，每年的春耕插秧，秋收收割打谷的共同劳作，也为使馆和朝鲜同志提供了同朝鲜民间亲密接触的机会。

2012年5月中旬，我随使馆外交官来到平壤顺安区宅庵中朝友好合作农场支农插秧。插秧育苗"战斗场"上的农民说，"今年从冬到春天气转暖得晚，但一下子热得快，比常年温度高，不利于作物生长。我们全体动员，彻底贯彻党农业生产的革命方针"。

农村一瞥。

在"战斗场"上,"无条件彻底贯彻金正恩同志的指示"的标语下,各行各业的劳动者纷纷前来帮忙。在农忙季节,朝鲜各行各业都要去支援农业生产,经常能听到朝方人员说,本单位人员在农忙季节都要去支农。

经历了春旱夏涝后,秋收的季节里,我们再次驱车前往宅庵农场、沿路一片秋收的繁忙景象,远处蔚蓝天空下,涌动着金色的稻田。

春耕的农民。

到了农场,刘洪才大使一行来到金灿灿的水稻田,换上胶鞋,拿起镰刀,开始下地收割。使馆外交官纷纷挥起镰刀,在深秋的田野上展开热火朝天的劳作,大家分头码垛,拧麻绳。一片片稻田变作一束束丰收的稻捆。

劳作间隙,刘大使与农场社员亲切交谈,并详细询问了他们的生产和生活情况。劳动结束后,使馆和农场同志举行了茶话会。农场员摆设出丰盛的午餐,自家种的红薯、养的鲫鱼、山羊,自制的打糕泡菜,几天前刚打下的新米,我们端起平壤小烧(烧酒),如一家人般话家常,庆丰收。

秋收的稻田。

 朝鲜印象

▶ 农村一瞥。

据介绍，尽管2012年夏季遭受了洪灾的影响，宅庵农场的粮食收成较去年仍有增产。宅庵农场有700多户农户，1300多名农场员。农场有鱼塘、烟叶和果树种植地，农场员可在自留地里种植蔬菜并在市场上出售。

据农场管理委员长郑明哲说，朝鲜从今年采取改变此前以现金分配制度，开始实行以实物分配的分配制度，将按小组内部和小组间的劳动效率严格实行按劳分配。"这样可以提高劳动积极性和产量。"郑明哲说。

刘洪才大使说，宅庵农场是中朝友谊的象征，是中朝友谊的合作典范。使馆同志作为农场的一分子，通过参加劳作，亲身感受到了朝鲜党和国家对农业的重视，祝贺农场取得丰收并不断取得新的成绩。

离开农场，我一遍遍哼着《风吹麦浪》，内心柔软地，我许下愿望，愿来年风调雨顺，有好收成。当微风带着收获的味道，吹向我脸庞，再想起曾置身这片金黄，曾芬芳梦乡。

三　先军表情

01 金正恩时代大阅兵

在发射"光明星3号"卫星失败两天后,朝鲜于4月15日在平壤金日成广场举行盛大阅兵式,隆重庆祝金日成诞辰100周年。尽管卫星没有进入预定轨道,却并未影响到阅兵式等一系列盛大庆典活动的气氛。

"太阳节"这天的金日成广场,掌声与"万岁"声响彻云霄。金正恩做了长达20分钟的公开演讲,他郑重承诺,"保证不再让朝鲜人民过紧勒裤腰的日子,确保人民享受社会主义繁荣富强"。演讲被视为是金正恩的施政演说,朝鲜自此正式进入金正恩时代。

❀ 金正恩做了长达20分钟的公开演讲,他郑重承诺,"保证不再让朝鲜人民过紧勒裤腰的日子,确保人民享受社会主义繁荣富强"。演讲被视为是金正恩的施政演说,朝鲜自此正式进入金正恩时代。 新华社记者 张利 摄

三 | 先军表情

最后，金正恩以一句"向着最后的胜利前进！"结尾，并挥舞手臂做了一个坚定的手势。话音刚落，广场爆发出雷鸣般的掌声，欢呼"万岁"，掌声持久不息。

嘹亮歌声中，阅兵式正式开始。人民军陆海空三军、工农赤卫队及红色青年近卫队方阵，火箭炮、自走炮、主战坦克、无人机、导弹等装备方阵陆续通过主席台，接受检阅。

金正恩微笑着向受阅官兵挥手回礼，绕主席台一周，向现场各界群众挥手致意。广场上群众持续不间断地高呼着"金正恩"，很多人跳起来欢呼鼓掌。

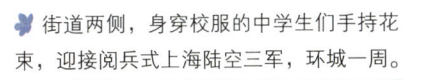
街道两侧，身穿校服的中学生们手持花束，迎接阅兵式上海陆空三军，环城一周。

中午时分，广播里播放的革命歌曲嘹亮召唤人们盛装出行，来到街头。学生乐队奏响昂扬的军乐，身着节日盛装的女孩子热情歌舞。一位年长的女教师，布满岁月痕迹的脸上写满了憧憬与激动，她一句句，带领学生们，高呼口号"军民一心"、"祖国统一"、"誓死捍卫"。

这是我第一次浓烈感触到军民一家亲真实场景——真实可触的"先军"体验，仿佛穿越来到电影场景——抗战归来，乡亲们早早等待在街道两旁，切切念念期盼光荣战士凯旋的浓烈感情。

军人们将身体探出军车，朝学生们灿烂欢笑、尽情招手。

🌸 军车一辆辆开过,军民相见如亲人的画面一遍遍上演,我镜头里的瞬间,一副副生动表情呼之欲出。

　　近了,近了,军车远远出现在视野的一瞬间,两旁相迎的队伍沸腾了。行驶在最前面的开路军车大喇叭,一路响着振奋人心的歌曲和讲演,紧随其后的车队,军人持枪守卫,两侧护航的车里,昂首站立着陆海空三军军人,威风挺拔。我被震耳欲聋的欢呼声、口号声淹没。

　　能亲眼见到朝鲜人民拥军,军人保家卫国无上光荣的场景,刹那间我似乎读懂了一些"先军"在朝鲜人民生活里的重量与浓度。

02 揭秘平壤卫星控制综合指挥所

初到平壤的第三天,即遇上朝鲜宣布将发射卫星,迎接金日成主席诞辰100周年的重磅新闻。我们接到朝中社消息后,第一时间发出报道:朝鲜将于2012年4月12日至16日之间用"银河3号"运载火箭,从朝鲜平安北道西海卫星发射场向南发射自行研发的地球观测卫星"光明星3号"。

若不是赶上卫星发射,想采访平壤卫星控制综合指挥所这样的军事机密场所,也是常驻记者千年难遇的"福利"。4月11日一大早,羊角岛酒店大厅集合,按照多日来的惯例,全球30多家主流媒体的200多名记者,逐一接受严格安检,手机打火机一律不许携带,相机要开机试拍检查内存卡。经过一个半小时等待后,记者乘朝方大巴集体出发。

卫星控制综合指挥所位于平壤西北郊区,从春季的田野驶过,犁田的耕牛和农耕的农民,并不避讳地自然呈现在满满几车记者面前,车上这时响起一阵劈里啪啦的快门声。经过两道哨岗,车拐弯来到一所两层白房子前,记者争抢着跳下大巴车。

所长白昌浩瞬间被媒体层层包围。他介绍说,综合指挥所不仅用于检测卫星,还用于收集用于国民经济发展的各项数据,如森林土地管理和预防自然灾害等多种功能。"伟大领袖金正日同志和金正恩同志曾于2011年亲临指导工作",他话音刚落,在转身将手指向门廊挂着的"领袖现址指导"牌之际,记者洪流再一次将一层大厅冲开。

所长白昌浩接受全球主流媒体采访。

"抢"出来的新闻,"挤"出来的角度。在平壤卫星综合指挥所二楼,我在两百多人的采访大军里,尽可能做到最接近,一边摆弄镜头,一边匆匆做笔记,还要留意保护好录音笔,以防被大动作、不顾危险的记者蹭下楼去,五官四肢全用上,没有硝烟的媒体大战正在进行。

白昌浩向记者介绍了指挥所卫星任务状态显示监视系统。在监控中心大厅,我看到,16名工作人员正在屏幕前监控卫星和运载火箭的各项数据。前方大屏幕显示火箭发射架的实时图像。大屏幕旁边的小屏幕显示卫星内外温度、世界时间、平壤时间、卫星时间等

从二楼俯拍平壤卫星控制综合指挥所场景。

多项指数。

　　所有记者都想从任何蛛丝马迹中得知卫星将于何时发射，想从展示给我们看的场景中看穿、读懂更多。

　　对于朝鲜为何不顾国际社会压力一意孤行射星的记者提问，白昌浩不厌其烦地强调："朝鲜发射运载火箭，并不违反联合国安理会有关决议，所有国家在开发宇宙空间方面都有独立性。组装运载火箭、发射卫星都在固定地点，目标很大，如果真的是弹道导弹的话，很容易发现。从安装和发射的方式来看，朝鲜发射的不可能是弹道导弹。"

❋ 朝鲜记者发挥"不怕牺牲"的精神，挑战骑在栏杆上的危险角度，抓拍记者采访场景。

03 金正恩的"未来观"

2012年6月6日,平壤金日成体育场内,2万名少年团员代表在金正恩演讲期间洒泪哭泣,发誓"为强盛朝鲜而学习",高呼"为社会主义祖国时刻准备着!"

金正恩出席当天的少年团庆祝大会并做了祝贺演讲,他强调说,朝鲜将把"为新一代的工作"作为党和国家的首要大事,全力让少年团员们成长为世上最幸福、最优秀的"先军"朝鲜主力军。此话,被朝鲜群众称之为金正恩元帅同志崇高的"未来观和后代观"。

三 | 先军表情

朝中社图片：2012 年 6 月，金正恩和少年团。

朝中社图片：2013年6月7日，金正恩出席少年团第七次大会。

少年团员们以诗朗诵的形式，表达了效忠金正恩的誓言："为强盛朝鲜学习、学习、再学习，成为让金正恩老师满意的才子、宝贝和先军儿童。"

举办盛大的少年团活动，彰显了朝鲜领导人培养新生代力量、"从娃娃抓起"培养革命接班人的考虑。朝鲜媒体称，这是一次献给未来的"大型政治庆典"。

🌸 争抢入镜的天真少年。

　　这次选拔的少年团员代表都是来自偏远地区和孤岛，他们的父母都是平凡的农民、工人，没有干部子弟。是的，这些学生面色较平壤市的孩子皮肤黑黄，眼神也更加质朴，面对精彩到眼花缭乱的首都，流露出更多的是稀奇和渴望。他们每天都认真记日记，描述自己激动的心情，"访问最高学府金日成综合大学、万景台少年宫，到凯旋青年公园享受过山车……这些天过得真像做梦一样"。

和朝鲜少年团"红领巾"一起,参观金日成综合大学图书馆。新华社记者 曾涛 摄

孩子们对待镜头从陌生到熟能成颂、娓娓道来自己这趟首都游；从发誓回去后要将自己永生难忘的经历分享给父母、老师和同学的郑重态度，可以想见这段经历对他们的人生和成长将产生巨大和难以估量的影响。

朝鲜电视台美女记者采访中学生前,手把手教如何出镜。

龙北中学课外班的学生在自排自演。

通常，朝鲜最高人民会议一年召开一次，而朝鲜继 2012 年 4 月召开会议后，宣布将于 9 月召开第 12 届最高人民会议第六次会议。外界普遍猜测朝鲜可能在会议上宣布对经济进行调整的政策，然而会议并未涉及经济，而是发布了关于实施普遍的 12 年制义务教育的法令，包括 1 年制学前教育、5 年制小学教育、3 年制初中教育和 3 年制高中教育，对象为 5 岁至 17 岁的儿童和青少年。将原为 4 年的小学教育改成 5 年教育，从而将义务教育由原来的 11 年增加到 12 年。

朝鲜将"决定性地加大对教育的投入"，在 2017 年前解决相关学校建设问题，学校建设优先于住宅建设；加强计算机和外国语教学及教育行政管理的信息化。从某种意义上讲，也是一项通过教育这步棋，走活社会各路资源，凝聚民心、巩固国力之举。

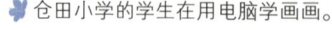

仓田小学的学生在用电脑学画画。

04 生十个孩子的母亲是英雄

被朝鲜妇女亲切地称之为"娘家"的平壤产院在朝鲜享有盛名。据说,平壤市的第一胎都是从这里出生的。平壤产院不仅出车前往邻近地区急救,有时还动用直升机赶至危急产妇所在地,在全国范围内提供紧急出诊。我曾两次来到产院采访参观,一窥朝鲜的一流医疗服务。

如约而至,产院外事科科长热情欢迎我们的来访,并作以详细介绍。平壤产院建成于1980年7月,是一座现代化综合医院,建筑总面积6万多平方米,拥有1500个床位,各类现代化医疗设备齐全,可为朝鲜妇女儿童提供妇科检查、孕妇临床观察、妇科手术、婴儿护理以及医护人员培训等综合服务。

据介绍,平壤妇女怀第一胎都会来该产院就诊。朝鲜全国各个道都设有产院,由平壤产院提供技术指导,朝鲜妇女从被诊断怀孕之日起到生产之日,期间共有18次诊察,检查母亲和胎儿健康状况。如果发现是多胞胎,则一定会被接到平壤产院接受特殊看护。

朝鲜素有将三胞胎的诞生视为全国大喜事的风俗。凡是确诊怀有多胞胎的孕妇,都会被送到平壤产院来接受特殊看护,由医院负责安排有营养的餐饮,孩子出生后由护士协助喂养,体重满4公斤后方可出院。

🌱 我跟随外事科文昌恩科长来到一层的可视电话区,看他示范这项特色服务。文昌恩说:"为防止产妇生产期间感染病菌,医院建立之初,就按照金正日同志的特意指示安装了这套系统,以便产妇家属通过可视电话问候。"我拨通 7 层楼值班室的电话,看到电视屏幕上出现了一位护士的笑颜,"喂,你好!"声音和画质都十分清楚。

🌱 朝中社图片:四胞胎出院时,国家将给父亲和儿子赠送银制小刀、向母亲和女儿赠送金戒指等礼物,以及各类营养食品、药品等,甚至包括长大后结婚时的嫁妆。

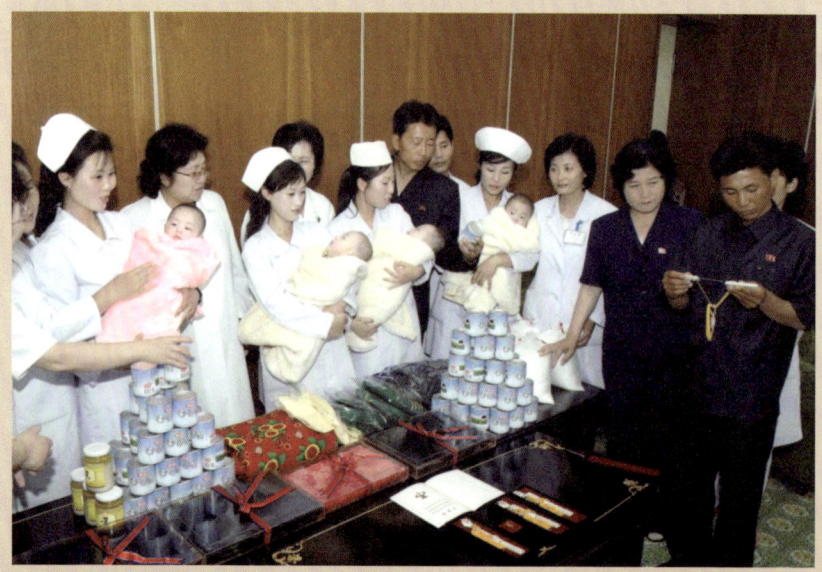

❦ 平壤产院乳腺瘤研究所候诊厅。护士介绍说:"金正恩元帅曾在视察中强调,要树立能够预防和及早发现乳腺疾病和乳腺癌的医疗体系,建成现代化、世界级的乳腺瘤研究所。"虽置身医院,却犹如宾至如归的温馨宾馆,病房清新色调,护士服务体贴。

❦ 平壤产院里抱着宝贝女儿的妈妈喜笑颜开。

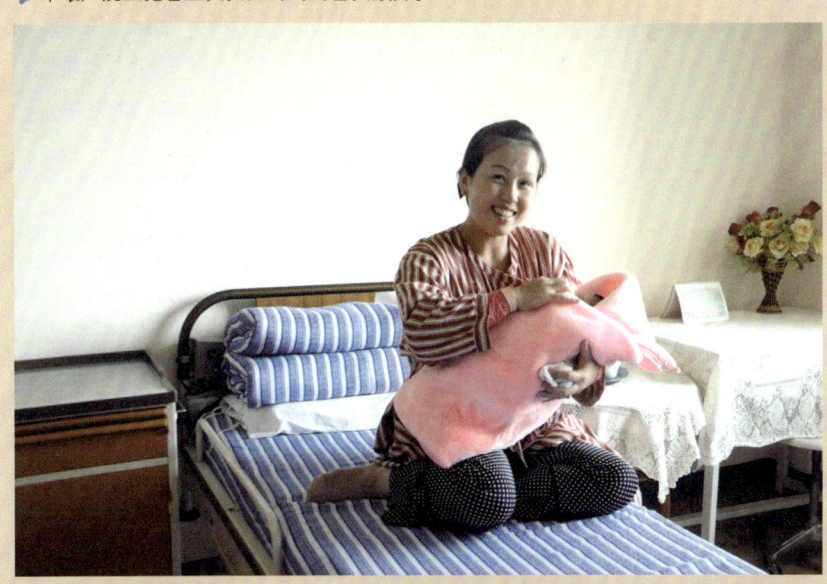

朝中社图片：朝鲜首度公开李雪主第一夫人身份，金正恩偕夫人李雪主出席平壤绫罗人民游乐园竣工仪式。金正恩在全面接班仅 7 个月之后，即偕同夫人频频出现在公众场合，大秀恩爱，打破了过去"惯例"，展示了金正恩时代朝鲜的开放姿态。

2013年的"三八"国际妇女节,朝鲜将其首次定为国家法定假期,全民放假一天,而去年,朝鲜也再次将母亲节这一日子固定下来,倾全社会之力赞颂"为先军国家建设奉献青春、培养英才的母亲英雄"。朝鲜媒体更是大力宣传生了十个孩子的母亲英雄。

朝鲜女盟的一位姐姐对我说,"我们现在的任务是要广泛宣传,让女性多生育、培养孩子,为保卫和建设祖国做贡献。英雄母亲,在自己的工作岗位上做出出色业绩的同时,培养出优秀的儿女"。

"这就是国情的最大不同吧。"我点头说。我小声请教,话说朝鲜人如何避孕呢?要知道,朝鲜的超市百货里,是没有避孕套避孕药卖的。

"男人想办法就是了,"这位姐姐笑笑对我小声说。在朝鲜,没有影视没有书籍介绍宣传性知识,少女们的常识通常都是在订婚后从母亲那里学来的。

05 瞻仰志愿军烈士陵园

清明,平壤一改几日来的雨雪,云淡风轻。每年的清明节,中国驻朝鲜使馆都会前往友谊塔和烈士墓祭扫,缅怀长眠于此的革命英烈。

中朝友谊塔坐落在牡丹峰麓,从使馆步行仅用五分钟。友谊塔建于 1959 年,于 1984 年扩建。"友谊塔"三个朝文镀金大字熠熠闪光,这是中朝友谊的历史象征,见证了那段鲜血凝成的革命友谊。

🌸 朝语书写着"朝中人民的国际主义友谊永放光芒"。友谊塔塔身由 1025 块花岗岩和大理石砌成,象征着中国人民志愿军 1950 年 10 月 25 日入朝作战的日子,塔座周身生动雕刻出志愿军战士浴血奋战的情景。

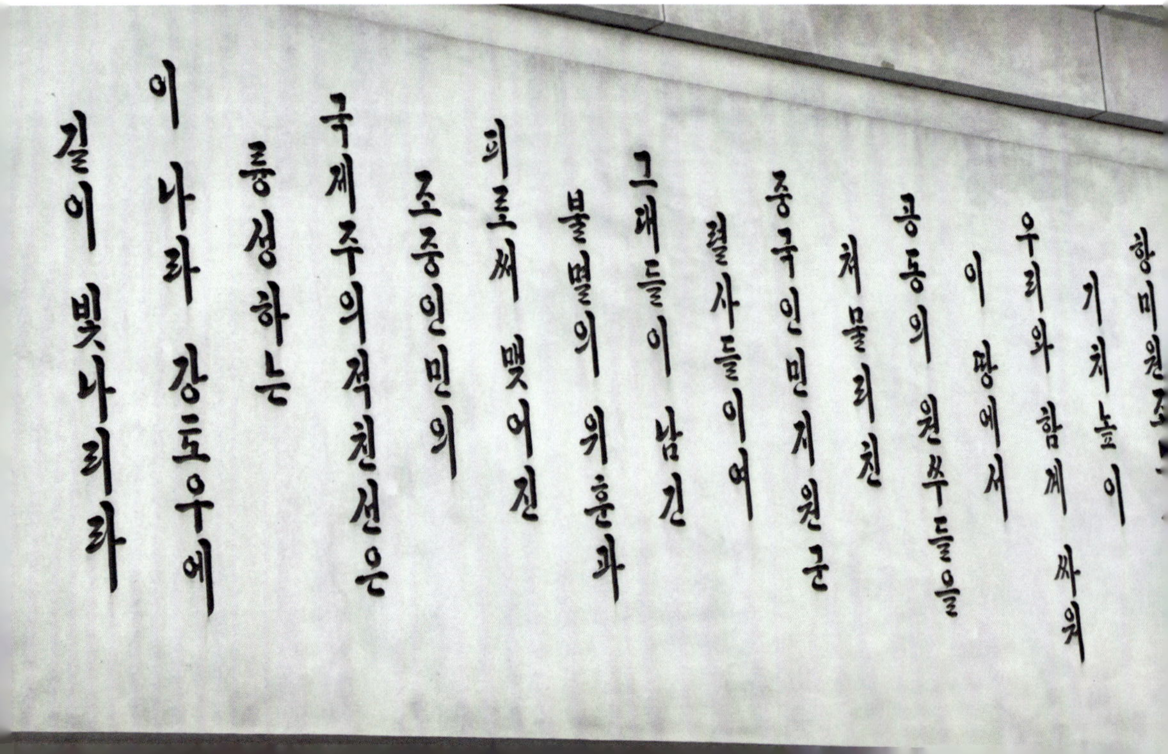

🍀 中朝友谊塔位于风景秀丽的牡丹峰山麓,距中国大使馆仅一箭之地。

中国驻朝鲜大使刘洪才率使馆外交官、中资机构和留学生代表,来到中朝友谊塔祭扫先烈。刘大使缓步走向友谊塔,神情庄重地整理花圈上的白色缎带,所有人一起向为中朝友谊献出生命的烈士深深鞠躬。

随后,刘洪才大使率大家前往兄弟山中国人民志愿军烈士墓祭扫。青松翠柏掩映下的烈士墓建于1970年10月25日,是为纪念中国人民志愿军参战20周年而修建。讲解员介绍说:"当年,在金日成和金正日同志的悉心关切下,我们将分散在平壤市各地的114位志愿军烈士的遗体,收集起来,集中于此祭奠。"

志愿军烈士陵墓和朝鲜百姓的陵墓分别在不同的山头,我看到另一个山头上,朝鲜百姓身着节日的盛装,在祖先的陵墓前祭拜。朝鲜解说员说:"朝鲜人民永远缅怀中国人民志愿军的丰功伟绩,朝鲜人民总会在重大节日或平时,前来瞻仰祭奠为中朝友谊做出贡献的革命先烈。"

❀ 走进友谊塔室内,三面壁画生动地呈现出中朝两国人民共同抗击侵略者的画面。反映了中国人民志愿军大无畏的牺牲精神和用鲜血凝成的中朝友谊。前来瞻仰的人们认真翻阅着10本中国人民志愿军烈士名册,这里一页一页记载着2.27万名烈士的姓名、祖籍、军衔和荣誉。

❀ 在桧仓中国人民志愿军烈士陵园,朝鲜百姓环绕志愿军烈士陵一圈,悼念祭奠。按照朝鲜习俗,身着传统民族盛装是对逝者的尊重。

三 先军表情

🔹 中国人民志愿军烈士陵园。

  金秋十月，驻朝记者随使馆的车队，驱车前往朝鲜平安南道桧仓郡。平壤以东约 100 公里外，两个多小时颠簸的路程，把我们从崇山峻岭中，带向了这座 150 米高的山腰上，这里，就是中国人民志愿军司令部的驻扎地。在毛岸英同志诞辰 90 周年之际，中朝两国人民来到墓碑前，为烈士陵园的改建举行竣工仪式。

1957年,中国人民志愿军和朝鲜当地群众共同建造了这座志愿军烈士陵园,是朝鲜规模最大、保存最完整的志愿军烈士陵园,共有134名志愿军烈士长眠于此。

🕊 朝鲜军人为中国志愿军烈士陵园敬献花圈。

  拾级而上，台阶顶端的琉璃牌坊正面是郭沫若书写的"浩气长存"四个大字，另有刻着"抗美援朝保家卫国的烈士永垂不朽"的石碑矗立在园中。早在此等候的朝鲜军乐团奏起庄严的军乐，手捧鲜花的朝鲜民众，身着鲜艳的民族服装，神情肃穆地仰望陵园。

  在朝鲜军乐团奏响雄壮的中国国歌和朝鲜国歌后，刘洪才大使等中国代表和朝鲜群众为烈士陵园敬献花圈。一座座圆形的白色坟冢排列得整整齐齐，每座墓旁都栽有一株从中国移植的东北黑松。

🌸 毛岸英烈士陵墓。

墓地前排正中的大理石墓碑上刻着"毛岸英同志之墓",碑旁是毛岸英烈士的半身花岗岩雕像。

刘大使表示,继承并不断巩固发展中朝友谊,关键在年青一代肩上。许多来朝鲜旅游的中国游客都很愿意到志愿军烈士陵园瞻仰,中国民政部正和朝鲜方面通力合作,以实现共同管理维护,让两国人民永远不要忘记这段历史。

06 板门店冷暖

　　从平壤向南出城，沿途一路雨幕，玉米叶绿浪在阴蒙潮雾中摇曳起舞，隔了许久，在天际若隐若现出高耸而立的永生塔，悄然指示远方小村镇的存在。

🌸 在朝鲜，有永生塔处，必有人烟，成村落镇。永生塔上镌刻着"伟大领袖金日成和金正日同志永远与我们在一起"。在"朝鲜式"的社会主义社会中，对领袖感恩戴德的信仰，是心中太阳，伟力全能，"白头山血脉"世代相传的亲爹娘——将军父亲、劳动党母亲，人们如此深情表达。

三 | 先军表情

开城，地处朝韩分界线处，距离平壤170公里，距离首尔只要70公里，雨霏雾霭的七月之夏，开城显得格外寡静。开城，曾是高丽时期都城，也是朝鲜特色高丽参产地。方兴未艾的开城工业园区，不巧正值近年朝韩关系跌至冰点的差错期，工业园区部分项目中断。一个原本"为了民族统一大业奠定基础"的园区，闲晾了颇有些年月。

朝鲜印象

🕊 山间"传奇英雄金正日将军万岁"大字。

从苍山中穿行而过,"传奇英雄金正日将军万岁"的标语大字镶嵌山间。

参观板门店当然是要提前向朝方通报申请的。车行至关卡处，我们上交各自护照，排队等待检查后缓慢进入。

🌸 车行在两侧树林葱郁的田野中央，高耸的朝鲜国旗从身后掠过，穿过头顶硕大的水泥板上，镌刻着"自主统一"四个大字。

🌸 水泥板左侧，"传给后代以统一的祖国"的儿童壁画，刻画出兄妹两人拉手的笑颜。

讲解员兵哥哥,一边手指地形图,一边做介绍说:"这里就是军事分界线,其南北各两公里是非军事区,共4公里的军事缓冲地带。看南侧,这里显示美国在南朝鲜驻扎着3万多军队,部署了1000多件技术核武器。"在一番慷慨陈词介绍后,兵哥哥上了我们的车。

军人的到来,既显得郑重,又在壁垒森严中蒙上倍感安全的保护伞。他很快认出我是在电视上见过的"新华社记者",侧着身子扭头同我聊天,刚才满脸严肃的军人,瞬间转换了频道,笑嘻嘻的脸上不时几抹"微笑纹",他介绍自己姓柳,现为大尉。

朝方共同警备区内,一处必看的景点是金日成主席的签字牌,白色大理石纪念碑上篆写着"金日成,1994·7·7"几个字,是金日成主席的绝笔。

❀ 金日成主席的绝笔。柳大尉说:"金日成主席办公到深夜,审阅和批示'朝鲜半岛最高领导人会谈方案'的文件,这是他在文件上签名留下的绝笔。"

"金日成主席于次日因心脏病突发逝世,他为了朝鲜民族统一贡献毕生精力的民族大义,为民族的繁荣兴旺忘我工作的革命精神……"

柳大尉接着说:"世上有哪个民族,有哪个国家的领导人,像我们朝鲜领导人(金正日)一样,在辛劳的工作中、在视察的列车上辞世呢!"

我们来到"停战协定签署地遗址",室内宽敞却光线昏暗,两张大桌子中东侧那张上,玻璃框里那面淡蓝色联合国旗褪色黯淡,西侧的朝鲜国旗却熠熠鲜亮。

柳大尉说:"玻璃盒子里的联合国旗帜是当年留下的,签字当天美方代表急匆匆离开会场,忘了取走那面旗帜,我们将它保留在这里,成为那场战争永久的见证。"

空旷的陈列室墙壁上,一排排陈列着当年那场战役中留下的斑斑痕迹:水壶、枪支、旅行包、药瓶、望远镜,还有敌军的迷彩军装、军帽。墙壁上,黑白照片记录着在我脚下这块土地上,朝鲜民族所经历的悲壮分裂历史,记录着中朝军民鲜血凝成的革命友谊。

"感谢当年英勇的中国人民志愿军与朝鲜军民并肩作战,"柳大尉诚挚地说。是的,朝鲜人民对中国志愿军抗美援朝始终怀有感激之情,"朝中友谊"是朝鲜人常挂在嘴边的词。

三　先军表情

🌸 战争中敌方留下的物品。

跨越三八线

随柳大尉走近传说中的三八线,一条在地图上看得见,却在地面上看不见的军事分界"线"。这条"线",可触可感的,其实是骑跨在分界线上的7栋房子。"白色的4栋属于朝方管理,蓝色的3栋属于美方管理。"我用相机拍下房前神情严肃的朝鲜人民军,7月的天气,朝鲜军人还穿着长袖长衫的风衣,包裹得相当严实。他们冷峻的面孔,写满了战斗状态。

走进其中一间,我透过窗户拍下窗外的韩国士兵。在这间屋子里,跨越一道门槛式的水泥横道——三八线,无意间,我已跨越了三八线,越了界。我连忙收步退回来。"只有这间房子是特殊的,在这里你可以越境,走入三八线的另一端,"柳大尉告诉我们,"只要有一方进来,另一方是不会进来的。"

南北两侧轮流看管这间房屋。想到十几分钟前,这里还曾接待过韩国游客,却不留踪影。就这样跨越了三八线。一步之遥,能深切感受到在这间屋子里的轻松与走出这间屋子的沉重。

❦ 三八线北侧的朝鲜士兵。

❦ 唯一的一间屋子里,朝鲜军人站在三八线以南。

四　亲密·亲历

朝鲜印象

01 "我们最幸福"

每年"六一"儿童节这天,平壤大城山游乐场就变成了欢乐与歌舞的海洋。平壤市所有幼儿园的小朋友穿上五颜六色的服装,准备以歌舞表演大显身手。

在朝鲜,过儿童节的孩子仅限于幼儿园小朋友,小学生们会在6月6日庆祝"少年团节"。金日成"儿童为王"的指示成为朝鲜指导幼儿教育的方针,"世无所羡"、"我们最幸福",是朝鲜少年儿童歌唱的旋律,也是每个幼儿园门口的标志。

❦ 看看妈妈镜头里的我。

四 | 亲密·亲历

历来尊师重教的朝鲜民族从幼儿园开始就注重培养孩子们的艺术特长，等候在休息棚同样身着传统民族服装的老师、父母们，开心地端着相机、提着水果，期待孩子们演出登场。

🌸 朝鲜小正太。音乐声欢快响起，小朋友们从广场四面八方涌入草坪，蹦着跳着，在属于他们自己的舞台上尽情欢歌。

平壤庆上幼儿园，是一所在朝鲜家喻户晓、培养音乐神童的幼儿园。"家住平壤庆上区的5至6岁儿童都可入庆上幼儿园，同时广泛招收全市范围内有音乐天赋的孩子。"园长李江竹说。

我来到这家早教名园，李园长指着"音乐人才辈出"展示墙上的照片说，牡丹峰乐团的钢琴家等许多知名艺术家就出自这里。

音乐小天使在演唱，提琴合奏。

四 | 亲密·亲历

在明亮的教室里,大班的孩子们正在老师的指导下涂鸦画画,墙上贴着孩子们的蜡笔画,红星榜上比一比"谁最乖"。据了解,学前班教孩子们语文、算术、绘画和歌舞课,每天上、下午各半小时。有音乐天赋的孩子另上每两天一节的音乐特长课,如学习钢琴、小提琴等。

"幼儿教育就是要让孩子拥有快乐的童年,课不能上得太满。国家为儿童教育提供最好的条件,家长不用操心没能力培养。"园长骄傲地说。

❋ 小朋友正在玩过家家,给娃娃看病。

欢快的钢琴声从三楼传来,推门一看,是两个身着红色小礼裙的小女孩在学习弹钢琴。钢琴老师毕业于平壤音乐大学,在分享她从教 24 年的经验时说:"孩子的艺术才华在学前挖掘培养是最好的时期,这时候边玩边学,可以充分拓宽他们的艺术成长空间。"六岁的小女孩自信洋溢地说:"我要今年参加肖邦钢琴大赛争得第一名。"

两个小女孩娴熟地为记者献上了一曲钢琴合奏,一招一式透露出未来钢琴家的气质。

在参观了设计合理、温馨可爱的儿童食堂、午休卧室后,我们最后欣赏了孩子们带来的精彩表演。看着台上孩子们天真地跳舞,幼儿园的老师对记者说:"与其说是跳舞,倒不如是让他们在音乐的旋律中熟悉自己的身体,体会肢体协调的韵律。"

🌸 小朋友投入地演唱。童声合唱《谢谢敬爱的金正恩老师》《最快乐的日子》,小脸上绽放出天真的笑颜。

02 "为朝鲜而学习"

在朝鲜，学校往往有特定的标志，且呈"集群式"布局，写有"我们最幸福"标语的是幼儿园，挂有"为朝鲜而学习"的基本是中小学校。

位于平壤市大成区龙城洞的龙北中学，是一所普通中学。学校教学楼走廊墙上醒目地张贴着"从哨所传来的消息"，上面是一张张身着军装的照片和表扬信。校长告诉记者，这些都是该校毕业生走进军营获得嘉奖后寄回母校的。

❧ "哨所传来的消息。"

朝鲜学生在完成义务教育结束后有三种选择：当兵、上大学、参加工作。校长说，"我们国家实施先军政治的领导，当过军人的男人才算真正的男人，否则将来找对象时女孩子都不会正眼看一眼的。先读大学后参军，或是先参军再读大学，两种道路可以自由选择"。

🌸 万景台革命学院的男孩子和康磐石革命学院的女孩子，他们的父辈或祖辈都是为朝鲜解放和建设洒下热血的烈士或英雄。

"是！要勇敢地消灭敌人！"学生们异口同声地高声回答，仓田小学的历史课上，我看到了一幕热烈互动的历史教学场景。学生们穿着深蓝色"正日"装，聚精会神地听老师讲故事。

历史教室的三面墙壁上，详细展示着领袖进行革命斗争的照片与图说。

🌸 每位学生的课桌上都摊开着那本包着红色书皮的历史课本：《伟大领袖金正日的少年时期》。

教育在朝鲜被视为所有公民的平等权利，中小学没有重点、非重点以及示范中学的区分，所有学校的师资力量和硬件条件都大致

少年团员向万寿台领袖铜像敬献花篮。平壤的中小学，每年都会计划性地组织学生们参观历史纪念基地，对学生进行革命传统教育。

平均。同时，朝鲜还开办有一些培养特殊人才的专门学校以及少年宫，供学生在专门领域学习深造。

少年团参观万景台少年宫书法兴趣班。

位于平壤万景台区的万景台少年宫是朝鲜少年儿童"第二课堂"生活的"乐园",开设书法、绘画、音乐、舞蹈、乐器等兴趣课程。少年宫的书法老师说,作为国家提供的教学资源,任何"课外班"都是不收费的。

金星学院紧邻万景台少年宫,这里是朝鲜著名的"音乐英才培养基地"。据了解,该学院已发展成为一所包括小学、中学、大学共14年制的艺术专门学院。院长吴正勋介绍说,金星学院从朝鲜全国各地选拔艺术苗子从小培养,多年来为银河管弦乐团和牡丹峰乐团等朝鲜各著名艺术团体输送了大批一流的艺术人才。2001年起,学院还设立了电脑学院,在培养艺术人才的同时培养电脑编程人才,并派留学生到中国高校深造。

万景台少年宫的管弦乐团。

金星学院的学生为我们呈现了一台融合民族音乐和现代音乐的演出。双语主持人用流利的中文报幕,手风琴联奏《北京欢迎你》,长鼓舞、象帽舞展现民族舞蹈韵味,现代舞动感十足。

配合多媒体灯光和屏幕,学生们动情演绎了革命流行歌曲《人民爱戴的领袖》和《脚步》、歌颂"半边天"的《女人是花》以及抒发少男少女情怀的《口哨》等曲目。身着学生装的 5 人小组演唱了朝鲜经典歌曲《学习吧》。"学习吧!学习吧!为了我们的国家!"演唱婉转中饱含着力量。

❀ 金星学院动感十足的少女热舞。

03 "能为元帅演唱是多么光荣的事啊"

"上了年纪的人感觉还不那么强烈，可在年轻人当中，却大受欢迎。"牡丹峰乐团年轻艺术家时尚清新的衣饰妆容为朝鲜传统国家乐团带来强烈的时代感，堪称金正恩时代音乐序曲。

牡丹峰音乐团的音乐名媛大多毕业于平壤金元均音乐大学，在朝鲜闻名遐迩，被誉为朝鲜艺术家的摇篮。金元均音乐大学与绫罗岛上五一体育场隔江而望，我带着"猎奇"的心态走进这座音乐百花园。

"生活再困难，也要以音乐和歌声来振奋鼓舞人心，我们的革命开始于歌声，也将在歌声中前进。"学校外事处文英杰老师讲话如唱歌般富有战斗激情，正应了朝鲜的那句朝鲜现代名言：道路再艰险也要笑着走。

🌸 朝中社图片：牡丹峰示范演出，迪士尼卡通人物初次露脸。对此，朝鲜人还没太多概念，只顾开心地欣赏，"领袖说好的东西，我们当然拥护说好"。

朝鲜经典歌剧《卖花姑娘》结束中国巡演后的平壤谢幕演出。

"音乐政治把革命和艺术、政治和音乐融为一体，将有力推动强盛大国建设。"在朝鲜，一切可以上升到与政治"相提并论"高度的，在人民政治生活中起到如此重要作用的，恐怕也是有且仅有音乐了。

和着钢琴伴奏和指导老师的长鼓节拍，一位亭亭玉立的女生正声情并茂地演唱一首《平北宁边歌》，一耸肩一摆手，一扬眉一含笑，完全沉浸在自己的歌声中，用心传递着劳动人民闻歌起舞的喜悦。从前通过电视传递的幸福微笑，而今可以近距离获得一种震撼人心的感知。

民谣已经收尾，而余音绕梁令人久久回味。这位皮肤白皙，烫发淡妆的声乐四年级学生告诉我，她会努力练好基本功，虽然现在专攻民谣，却也对西方音乐很感兴趣。"金日成主席说过，要将西方音乐和民族音乐共同发展。当我第一次看到由敬爱的金正恩同志亲自组建创立的牡丹峰乐团的演出时，心里就萌生了毕业后进入乐团的想法。为金正恩元帅演唱是多么光荣的事啊。"女孩向往地说。

四 | 亲密·亲历

身着朝鲜学生服的朝鲜姑娘在练习民族乐器。

04 元山看海·妙香热舞

一座闻不到海腥味的海滨小城，元山的海，那么隐逸，如掩着面纱的少女，羞涩不爱示人。

干净细软的沙滩，没有更多的游客和我们分食这片碧海蓝天。兀自清纯，静享孤独，她就这样安静地一直在那里，直到你不远千里拜访她，她才缓缓展示给你她那份小家碧玉。曾被土耳其伊兹密尔城难以置信的蓝晃过眼，比起地中海惹人心醉的宝石蓝油彩，我们正处在一幅婉约的水彩画中。

沙滩上只有我们，和一群在大海游泳的孩子，零星几位渔民在捕鱼撒网，潜水作业，随浪花翻涌起起伏伏。大孩子十四五岁，男孩子们也羞涩地扭头回来看我，一个陌生奇异的外国人，嘴里嘟嘟似自言自语地说起"你好"，我回给他们一句"你们好呀"，他们又含蓄地快速转过头，可背影还是告诉我对我的关心。瞧，他们不住地往我这边看，当然不是看海，我随海风海浪，挥洒各种pose，他们稀罕，当然也不好意思主动进入我的镜头。

和元山少年在海边合影。央视记者 吕兴林 摄

"你们不游泳吗?""我们游泳的。"这样的对话开场,我邀请他们一起合张影。我俯下身子,原想将就他们的无动于衷,"要拍就好好拍",男孩子们爽快地站起身,来到我身边,"咔嚓咔嚓",N 连拍,一个给我伸兔耳朵手势的男孩永远地留在了我的相机里。

午餐选在著名的松涛苑,早有耳闻老板娘热情可爱,对久别近一年的客人还记得清楚,招待我们到"炕"上,和我们唠家常。大家全都脱了鞋席地而坐,点了她推荐的菜肴,每人一份白菜泡菜,还有各种山野菜,蘸好了调料的海鲜等烧烤陆续登场,鲍鱼、扇贝、松茸、牛肉,赠送的元山特色生鱼片、特色海洪粥。浅浅一小盅烧酒必不可少,放在平日里一定坚决拒绝的我,也大方地接受了她的馈赠,稍抿一口,酒精味扑鼻,所以说小烧有着和烤大蒜一样配合吃海鲜的"消毒"功效嘛。

在软沙上晒太阳的小男孩。

妙香热舞

夏日里难得一个不晒不雨的清爽天,我们一行前往妙香山。

山间溪水潺潺,烟雾弥漫,江滩远处,桥墩若隐若现,隐约看到淘金沙的三两村妇在浅滩上劳作。将一切湖光山色融化在牛奶白的画布中的眼前景,远山含蓄,苍翠迷蒙。复行数十里,豁然开朗,土地平旷,屋舍俨然。越过石桥,"香山邑"三个字的界标告诉我,已跨入郡首府香山邑,清川江清澈见底,妙香川流水淙淙。

民族情趣的朝鲜式建筑,有良田美池桑竹之属。阡陌交通,鸡犬相闻。好不羡慕居住在这里的香山人。我们开车绕山路而上,云雾萦绕,山势曼妙,满目馨香,清澈瀑布水不绝于耳的尽头,是一群青年男女欢歌笑语在舞蹈。

在平壤市中心假山喷泉嬉戏的小男孩。

"你们是哪里人?"微醺的男子们乐呵呵地冲我们喊话。"我们是游客,你们呢?"我摇下玻璃窗,冲他们笑答。"我们是朝鲜民主主义人民共和国人,是这里人!"

同城市人的拘谨不同,"地方"村民淳朴简单,大约是没怎么见过外国人吧,道路两旁的孩子见到外国车总会敬礼,鞠躬,尤显可爱。而在首都、革命心脏生活的平壤人,有着对政策精神严格地贯彻和警惕。他们不会如此主动无忌地表现自己的好奇。见此景,我们走下车来,为正在跳舞的朝鲜男女青年打拍子,见到我们有兴趣

🌸 男子随音乐跳起动感的"迪斯科",一招一式颇有点粗犷的味道,表情近乎眉飞色舞、反差于平日里集体舞的,村民们的舞姿个性张扬,男女双人舞耸肩靠背,"wave"波浪,煞是惊艳。

加入，几位男子主动握手以示友好，招呼我们随节拍起舞。来到朝鲜的黄皮肤，鲜有日本人和韩国人，他们已在心里默认你为友好邻邦的中国人。

我被邀请加入，混杂着有点类似于90年代大陆流行乐，抒情中夹一些欢快，民谣中添几抹跳动，我比划了几个动作，发现并不容易跟上民谣的悠扬节拍。"要动感的音乐！"和我牵手舞蹈的香山邑男子回头朝"DJ"喊道，身后大巴上的朝鲜青年男女纷纷从玻璃窗里探出头来，拿起手机、照相机和DV，朝我拍摄……就这样没有申请，没有预料地闯进了正在自娱自乐的香山邑青年男女舞会。至今想起那天午后同朝鲜群众的集体狂欢还觉得不可思议。

05 谷歌团访问

"富有成效,十分成功。"2013年1月10日,在上飞机离开前,美国前新墨西哥州州长比尔·理查森如此评价此次平壤之旅。理查森曾任美国国会议员、美国常驻联合国代表,之前也曾多次访问平壤,是一位颇具外交功底的"民间人士"。同行的谷歌公司执行董事长埃里克·施密特虽访朝全程谢绝媒体采访,却似乎更被外界关注。

"谷歌团"的飞机于1月7日抵达平壤,该团强调此行为"私人人道主义之行"。在平壤顺安机场,理查森说,他们将同朝鲜官员、企业界人士进行会谈,了解相关人道主义情况,尝试与被扣押的美国人接触。

从访问行程上看,朝方显然对"谷歌团"了解朝鲜进行了精心策划,展现了其最先进、与国际接轨的电子图书馆和朝鲜电脑中心。"谷歌团"10日离开平壤前,理查森表示:"我们此行很愉快,尤其是和朝鲜人民的接触。有机会与他们聊到扩大手机和互联网的使用,有了更多的沟通与交流。"

❦ 在金日成综合大学,理查森和施密特一行参观了电子图书馆阅览室、图书检索系统和学术报告厅等,施密特听得颇有兴致,不时提出一些问题,在听到朝方外务省翻译的讲解后,多次点头说"Good"。

❦ 在金日成综合大学电子自习室,朝鲜大学生向美国客人们展示他们使用"谷歌"和"维基百科"网站搜索资料的过程。谷歌智库的负责人贾里德·科恩,走向一位正在使用电脑的学生,说"你做的题目挺不容易"。

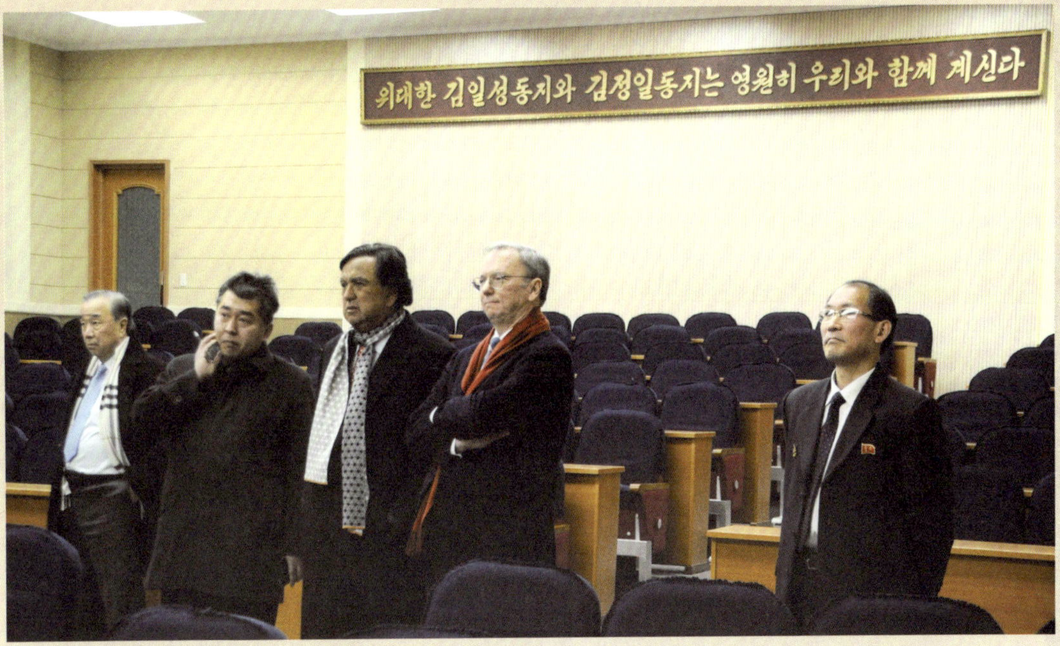
위대한 김일성동지와 김정일동지는 영원히 우리와 함께 계신다

THULE
24

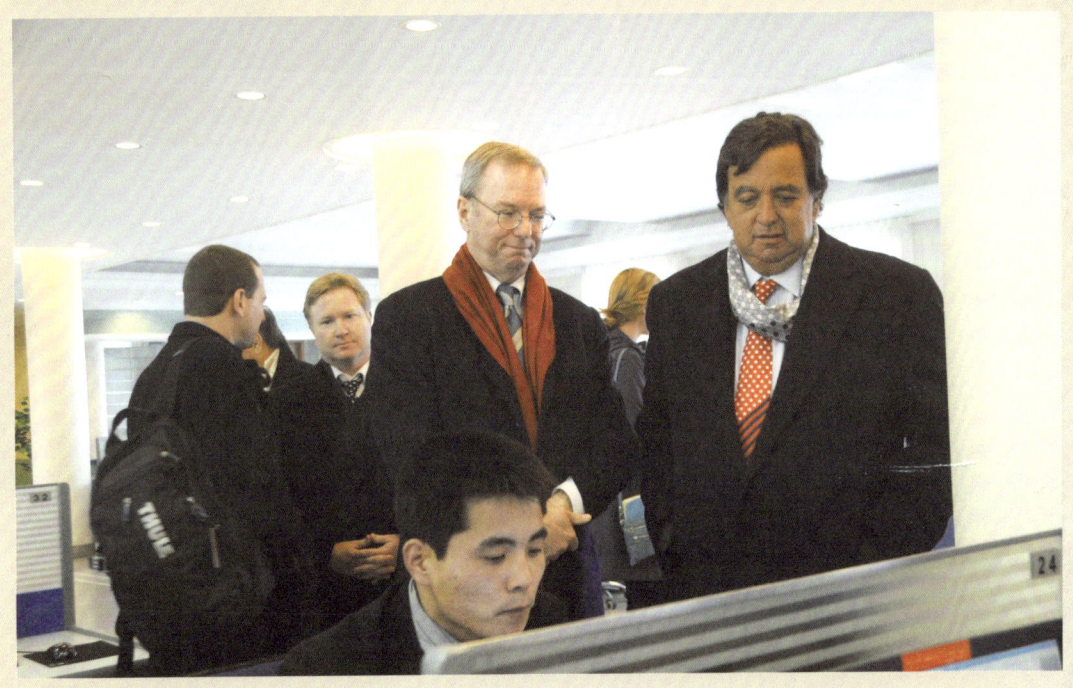

谷歌团离开后的一个月,在朝鲜的外国人有了好消息。在朝鲜用手机刷微博,发微信如今已成为现实。自今年2月25日起,朝鲜开始在平壤向在朝外国人提供3G网络手机上网服务,这是继今年1月份朝鲜允许外国人携带手机入境后的又一开放动作。

当天一大早,我和分社同事赶往高丽电信营业厅,持护照登记了WCDMA制式手机的识别码,并支付了75欧元(约合617元人民币)入网申请费。在办理完相关手续后,"3G"字样随即出现在手机上端,我成为第一个使用3G手机上网的外国人。

开通手机上网后,我第一时间体验了用手机发微博,用微信给国内朋友留言,登录国内主流网站以及国外脸谱网、推特、YouTube等网站,速度均较快捷。手机上网月租为10欧元(1欧元约合8.2元人民币),流量50兆,超出部分按每兆0.15欧元收取。

高丽电信负责人对我说:"经过一年多的协商努力,才获得朝方安全部门对外国人开放手机上网的批准,这与谷歌团来访没有关联。"

🌱 2012年秋季展会上朝鲜自主研发的第二代平板电脑"三池渊",吸引了前来体验的朝鲜年轻人。在谷歌团来朝期间,朝鲜推出第三代款"三池渊"集众家所长,产品尺寸与苹果的 iPad 基本相同,为 B5 大小;操作系统与谷歌的 Android 系统极其相似;而其吸附式键盘和可观看电视节目,成为新亮点。"三池渊"平板电脑售价不菲,约在 300 美元左右。

06 美国篮球明星团访问

2013年2月下旬，肆虐多时的寒冬逐渐褪去，平壤郊外农田积雪尚未消融，天空飘着蒙蒙细雨，核试验后的平壤显得平静如常。应朝鲜体育省邀请，以美职篮前球星丹尼斯·罗德曼任团长的美国哈林花式篮球代表团，于26日开始对朝鲜进行为期一周的交流访问。著名的"坏小子"罗德曼身着短袖、戴着墨镜走出机场，文身、穿环等独特的造型让人一眼能辨认，现场记者一通狂拍。

朝中社图片：美国篮球代表团和HBO摄制组成员。

"有朋自远方来",朝鲜媒体记者早早就守候在平壤顺安机场,比1月份谷歌团来时出动的人马还多。朝鲜体育省和外务省的数名官员,也早早等候在机场准备迎接。首先是罗德曼从安检门走出,在外务省翻译的介绍下,朝鲜奥林匹克委员会副委员长孙光浩等朝方官员面带微笑同罗德曼及其他几位美国篮球运动员一一热情握手道:"欢迎来到朝鲜!"

罗德曼对记者说:"同我一样,我们的明星球员大多都第一次访问朝鲜,对此行充满期待,相信一定会有很多乐趣。"

除团长罗德曼"耍大牌"相对沉默外,另外几名篮球运动员,彼此间玩笑调侃,自如地活跃在记者镜头前,手舞足蹈地哼唱着说唱音乐,滔滔不绝表达朝鲜之行的欢乐心情。篮球运动员布尔·布拉德满脸笑容地说,朝鲜是哈林花式篮球队全球篮球行的第122个国家和地区,他们对朝鲜之行期待已久。"我们在上月收到朝鲜体育省的邀请,我们将和许多朝鲜儿童和家庭一起互动,分享篮球的快乐。"

比起谷歌团访朝时的信息公开,此次行程安排美朝两方均一致对外保密。负责报道的朝鲜外务省官员则通告说:"代表团要求,常驻记者只允许拍抵达和离开,不可随团采访。"

罗德曼一行在朝鲜受到了最高礼遇。2月28日金正恩偕夫人李雪主,同罗德曼并肩观看篮球赛,比赛期间两人有说有笑,交谈甚欢。我从前去观看比赛的朋友那里得知,比赛现场气氛热烈,由12名来自朝鲜体育大学的现役或退役球员以及4名美国哈林花式篮球队员混合组成红白两队,两队先发球员各为两名美国球员和三名朝鲜球员。中场休息时,朝鲜拉拉队员分别穿着传统服装和超短裙进行表演。比赛以110分比110分打成平局。比赛结束后,罗德曼代表美国篮球队向金正恩赠送了队服,金正恩接过队服高高举起向全场展示,全场掌声雷动。

四 | 亲密·亲历

🌶 朝中社图片：金正恩偕夫人李雪主同罗德曼共同观看球赛。罗德曼在比赛结束后发表讲话说，感谢朝鲜盛情邀请美国球员来访，比赛体现了两国人民之间的友谊，"虽然两国关系比较遗憾，但是作为我个人，我是金正恩元帅和朝鲜人民的朋友"。

🌸 朝中社图片：当晚金正恩还出席了朝鲜奥委会举行的晚宴，金正恩会见罗德曼一行并亲切交谈，表示"进行这样的体育交流，将有助于增进两国人民的相互理解"。朝媒的报道最后还不忘提上一句"晚宴始终在友好的气氛中进行"，俨然是两个友好国家的朋友在一起共叙友情。

篮球代表团被外界猜测是否是朝鲜欲开启"篮球外交"。对此，罗德曼表示"并非如此"。美国国务院一名高级官员表示，罗德曼此行没有联系国务院，属私人旅行，国务院不会过问。

罗德曼临上飞机前接受采访时说，短暂的朝鲜之行非常美妙，朝鲜人民体贴好客。谈到金正恩时，罗德曼说："我们一见如故。他十分坦诚，非常爱他的妻子。我希望能带更多的朋友来见他。对于两国关系，一个人的力量是有限的。他的人民和国家爱戴他，我也很爱他。"

篮球交流无国界，金正恩邀请美国球星，同此前邀请美国政客、官员、企业家以私人身份访问朝鲜一样，显示朝鲜有意同美国保持接触。美国政府尽管对民间交往不赞成，但也没有反对，也充分说明美方同样有意愿通过民间交流和接触，寻求改善关系的可能性。"篮球外交"本身固然有夸大之嫌，但民间交往能对消除两国长久以来的隔阂和误解，起到搭建桥梁的作用。

07 亲历朝鲜"战胜节"甲子大庆

2013年7月27日，朝鲜战争停战60周年。朝鲜举国上下隆重庆祝这一称作"祖国解放战争胜利"的"战胜节"，向世界展示"打败美帝国主义者侵略"的自豪，颂扬金日成、金正日的功勋和金正恩卓越领导才干，同时借多场活动之机，强调朝鲜战争的胜利是中朝两国共同的胜利。

朝鲜从今年年初就计划举行"7·27战胜节"大庆祝，从4月末开始，平壤的各大广场就聚集了各界群众进行游行排练。夏天进入雨季以来，广场上练习团体操《阿里郎》的学生们，常常在雨中抓紧排练。广场上的宣传画上，写着练习积极分子的光荣榜。练习用的金日成粉花、金正日红花等花束，被百姓用塑料布包裹以防被雨水淋湿。

到了正式庆祝的日子，朝鲜全国各地军民齐动员，长达一周的庆祝活动持续进行。27日清早，平壤全城戒严，记者早晨6点出发时，看到身着节日盛装的市民群众手持花束走向金日成广场。上午10点，金日成广场举行阅兵式。朝鲜最高领导人金正恩在欢呼声中向人群招手。

朝鲜人民军总政治局局长崔龙海在贺词中说，朝鲜将经济文化建设和提高人民生活水平作为目前最迫切的任务，因此和平的环境非常重要，全体人民军官兵和人民要加强国家防卫力量。

此次阅兵规模堪称朝鲜阅兵之最。抗日武装斗争时期的骑兵纵队和朝鲜战争时期的老兵方阵首先经过广场。

参加过朝鲜战争的老兵方队激动地挥舞着双手,向金正恩高呼"万岁"。

紧接着，近卫师方阵、内务省方阵、少年游击队等战时方阵，人民军各级军事院校方阵，陆、海、空军方阵以鹅式高抬腿正步，接受检阅。

随后，机械化纵队入场，火炮、坦克、装甲车、无人攻击机、战略导弹等装备和飞行纵队一一亮相。

朝鲜女兵方阵以鹅式高抬腿正步，接受检阅。

机械化纵队接受检阅。

❋ 群众游行花车高呼万岁，写有"抗美援朝保家卫国"、"我们共同战斗过"的花车从广场欢呼走过。

平壤群众花车游行紧随其后，国旗、党旗、军属队伍等各阶层游行队伍，"千万军民团结一心"、"建设经济强国、文明国"字样的彩车陆续通过主席台。手持各色花束的人群，连续拼出"金日成"、"金正日"、"金正恩"、"伟大胜利"，以及朝鲜国旗、党旗等字样和图案。在场的外国媒体记者对这一场景进行了现场直播，各自作出不同的解读和分析。

金正恩特意从主席台走向中国人民志愿军老战士所在的观礼台,向他们招手。志愿军老战士说:"在团体操《阿里郎》中,我们看到了'中朝友谊,世代相传'的章节;在阅兵式上看到了'抗美援朝保家卫国'的群众游行花车。所到之处朝鲜人民将我们如英雄一样对待。"

朝鲜祖国解放战争胜利纪念馆也于27日当天隆重举行开馆仪式。2012年8月,金正恩指示纪念馆扩建,前后17次现场视察指导。开馆当天,金正恩同中国代表团等外国代表团,驻朝外交使节和武官团,以及海外同胞代表团一起参观纪念馆,金正恩对纪念馆表示十分满意。纪念馆对朝鲜战争各阶段战役作了全面细致的展示,并单设了中国人民志愿军馆展厅。纪念馆周围的露天展示场,陈列着功勋武器装备,如一个露天军事博物馆。

金正恩出席朝鲜祖国解放战争胜利纪念馆开馆仪式。朝军1968年俘获的美军"普韦布洛号"间谍船,也从原来停泊地大同江畔移入馆区陈列。

四 | 亲密·亲历

李源潮：中朝关系，承前启后新时期

正在朝鲜访问并出席朝鲜战争停战 60 周年纪念活动的中国国家副主席李源潮 26 日在平壤参谒友谊塔，并前往桧仓中国人民志愿军烈士陵园，凭吊烈士。

友谊塔存放着在抗美援朝战争中牺牲的中国人民志愿军烈士名录。桧仓烈士陵园安葬着包括毛岸英烈士在内的众多志愿军烈士。

李源潮在两地敬献花圈，向志愿军烈士默哀。他说，60多年前，中国人民志愿军与朝鲜军民并肩作战、保家卫国，捍卫了和平，维护了正义。中国党、政府和人民永远铭记在战争中献出宝贵生命的中华儿女，永远铭记他们为保卫祖国、保卫和平作出的牺牲。

李源潮说，和平与发展是当今时代的主题。我们纪念朝鲜战争停战60周年，旨在面向未来，更好地维护半岛和平稳定，谋求地区繁荣发展。

🌱 朝鲜国防委员会第一委员长金正恩25日晚会见了到访的中国国家副主席李源潮。
新华社记者 张利 摄

李源潮说:"今天,我们纪念朝鲜战争停战60周年,是为了深切缅怀为保家卫国英勇牺牲的中朝两国优秀儿女。回顾历史,我们深感今天的和平来之不易,应当倍加珍惜。当前中朝关系正处于承前启后的新时期,中方愿同朝方一道,加强互信与沟通,扩大各领域交流与合作,推动中朝关系持续稳定发展。"

李源潮表示,作为朝鲜半岛近邻,中方坚持实现半岛无核化,坚持维护半岛和平稳定,坚持通过对话协商解决有关问题。中方愿与有关各方一道,推动重启六方会谈,致力于推进半岛无核化进程,实现半岛和平和东北亚的长治久安。

金正恩表示,朝鲜党和人民永远铭记在战争中牺牲的朝中烈士们。朝方高度评价中国社会主义事业取得的巨大成就,珍视对华传统友谊,愿与中方加强沟通,增进合作,推动两国关系发展。朝鲜致力于发展经济,改善民生,需要一个稳定的外部环境。朝方支持中国为重启六方会谈所作的努力,愿与各方共同努力,维护朝鲜半岛和平稳定。

"老兵是宝贝"

金正恩曾说,战争老兵是党和人民的巨大骄傲,是金银珠宝无法比拟的宝贝。7月,朝鲜组织了全国各地老兵来平壤过节、老战士集体过生日晚会、各地组织军民联欢等活动。

当年参加抗美援朝奔赴朝鲜战斗的热血青年,如今多已是年过八旬的耄耋老人,时隔六十一甲子,白发老人再次踏上曾经战斗过的热土,受到了英雄凯旋般的欢迎。应朝方邀请,中国人民志愿军老战士代表团来朝参加朝鲜战争停战60周年庆祝活动。尽管步履蹒跚,老战士们却精神饱满地参加密集衔接的庆祝活动。

27日全天,中国志愿军老战士在观礼台观看阅兵式,出席朝鲜祖国解放战争胜利纪念馆开馆仪式,接受朝鲜最高人民会议授勋,观看焰火晚会,参加晚宴。

志愿军老战士说:"我们所到之处,有警车开道,医疗车护航,朝鲜群众手持花束夹道欢迎,呼喊着'欢迎英雄'。"

"最可爱的人"平壤再聚首。联欢会上,中朝两国艺术家同台献艺。"烈士的鲜血,化为礼花绽放在天空;烈士的精神,是闪亮的群星和勋章"——一首朝鲜歌《胜利的礼花,你说吧》,令现场的朝鲜老兵涕泪交加,而志愿军老战士重返曾经战斗过的土地,《我的祖国》《英雄赞歌》那熟悉的旋律,也令他们难以释怀,潸然泪下。

29日,中朝两国艺术家当天在平壤举行联合演出,中朝两国老战士手拉手步入人民剧场。

29日，金正恩向志愿军老战士代表团赠送礼品，朝鲜人民武力部部长张正男会见并宴请老战士。张正男走到每一名老战士和烈士家属前，为他们倒上酒，一一相敬。张正男还脱下军装，与老战士相互拥抱，他说："我的父亲也参加过祖国解放战争，你们当年并肩战斗，就是我的'阿宝机'（父亲）！"

金正恩于29日前往中国人民志愿军烈士陵园凭吊，瞻仰了包括毛岸英烈士墓在内的中国人民志愿军烈士墓。金正恩表示，朝鲜不仅要保存和管理好桧仓郡中国人民志愿军烈士陵园，而且要重新好好修缮全国各地的中国人民志愿军烈士墓。老战士听闻此消息后说："作为老兵，我们倍感欣慰。"